FELDHAMSTER

Was ist ein Feldhamster?
Der Feldhamster ist ein Säugetier aus der Familie der Wühlmäuse. Sein Fell ist auf der Oberseite hellbraun, am Bauch dunkel, und er hat extrem scharfe Zähne. Hamster sind Einzelgänger und verteidigen ihr Gebiet gegen andere Feldhamster. Dann stellen sie sich auf die Hinterbeine, um größer zu wirken, und vertreiben den Eindringling mit Fauchen und Knurren.

Wo lebt der Feldhamster und was frisst er?
Der Feldhamster lebt am liebsten mitten in einem Kornfeld und ist dort vor allem in der Nacht unterwegs. Zwischen den Getreidehalmen kann er sich sehr gut verstecken und findet dort leckere Körner. Er ist ein richtiger Baumeister und legt unter dem Acker einen weit verzweigten Bau mit Vorratskammer, Schlafzimmer und Toilette an. Er frisst Gräser, Kräuter und Feldfrüchte und sammelt fleißig Vorräte aus Samen und Körnern für den Winter. Wird sein Feld abgeerntet, muss ein Feldhamster leider umziehen.

Welche Superkräfte besitzt ein Feldhamster?
Der Feldhamster hat extrem dehnbare Hamsterbacken. Die funktionieren wie Einkaufsbeutel. Er kann sie mit Körnern vollstopfen und die dann ganz bequem in seine Vorratskammer schaffen. Hamstermütter benutzen ihre Backentaschen auch als Kinderwagen. Sie können darin nämlich sogar ihre Babys transportieren.

SCHLAUBERGERVORTRAG VON HERRN GÜNTER

Die kleine Schnecke auf den Seiten zeigt an, wann man beim Vorlesen sehr gut eine Pause machen kann.

1. Auflage 2024
Originalausgabe

Mit freundlicher Unterstützung von Brotmann & Töchter GmbH
und Universal Music Family Entertainment
Einband und Illustrationen: Barbara Fisinger
Fachberatung: Dipl.-Biol. Ralf Rasch
Satz: Simone Horlacher/HarperCollins
Druck und Bindung: PnB Print
Printed in Latvia · ISBN 978-3-7488-0263-1

www.dragonfly-verlag.de
Facebook: facebook.de/dragonflyverlag
Instagram: @dragonflyverlag

Druckprodukt mit finanziellem
Klimabeitrag
ClimatePartner.com/15109-2009-1001

FSC
www.fsc.org
MIX
Papier | Fördert gute Waldnutzung
FSC® C084698

KATI NAUMANN

Die kleine Schnecke MONIKA HÄUSCHEN

WAS MACHEN TIERE ZU WELCHER JAHRESZEIT?

4 Sachgeschichten zum Staunen und Lachen

Mit Illustrationen von
Barbara Fisinger

DRAGONFLY

1.

Frühling

Die Tierbabys kommen

Still und verlassen lag der Garten im Mondlicht. Kein einziges Blatt hing am Baum. Nirgends ließ sich ein Tier blicken. Und doch war da jemand: Versteckt in einer gemütlichen Erdhöhle unter der Brombeerhecke lag ein braun-gelb gebändertes Schneckenhäuschen. Und in diesem Häuschen schlummerte die kleine Schnirkelschnecke Monika. Den langen kalten Winter hatte sie ganz gemütlich verschlafen. Nun wurde es draußen allmählich wärmer. Aber davon merkte sie noch nichts. Sie zuckte bloß ein bisschen mit den Fühlern und träumte von ihren besten Freunden.

Einer von beiden, der kluge Graugänserich Herr Günter, flog in diesem Moment über das weite Meer. Er hatte den Winter im sonnigen Süden verbracht und befand sich auf dem Heimweg.

Eine Wildgans kann schlafen, während sie fliegt. Das ist bei den weiten Flügen über das Meer überlebenswichtig. Der Trick dabei ist, dass nur eine ihrer Gehirnhälften schläft. Die andere Hälfte bleibt wach und passt auf, dass die Richtung stimmt und dass die Gans nirgends anstößt.

Monikas zweiter allerbester Freund, der Regenwurm Schorsch, schnarchte unterdessen in seinem Wohngang tief unter ihr. Er spitzte den Mund und pustete kichernd in die Luft. Schorsch träumte nämlich gerade von lustigen Pusteblumenschirmchen, die er durch die Gegend fliegen ließ.

Plötzlich erschütterte ein seltsames Trampeln die Erde, sodass das Schneckenhäuschen wackelte. Monika erwachte davon und wunderte sich. »Was war das?«

Auch Schorsch spürte die Erschütterung. Verschlafen zog er sein weiches Mooskissen über den Kopf und brummte: »Nur noch fünf Minuten.« Dann schnarchte er weiter.

Monika dagegen war nun putzmunter. Aufgeregt rief sie: »Ich bin wach! Ist endlich Frühling?«

Voller Vorfreude öffnete sie ihr Häuschen. Im Winter verschloss sie es nämlich immer mit Kalk, um sich vor der Kälte zu schützen. Nun konnte sie sehr deutlich hören, dass über ihr jemand im Gemüsebeet herumtrampelte. Seltsame quakende Geräusche drangen zu ihr herunter. Monika hatte eine Vermutung, wer das war.

»Juchhu!«, jubelte sie. »Herr Günter ist zurück!«

Eifrig buddelte sie sich durch die Erde nach oben und rief in die Morgendämmerung: »Herr Günter!« Sie guckte sich um und winkte mit ihren Fühlern. »Huhu! Hier bin ich!«

Das seltsame Trampeln und Quaken kam näher und steuerte auf sie zu. Aber Monika konnte den stattlichen

Gänserich nirgends entdecken. Stattdessen wurde sie von einer wilden Meute zur Seite geschubst.

»Aus dem Weg!«, quakte eine dicke Gestalt.

»Du bist nicht der Herr Günter!«, stellte Monika erstaunt fest.

»Seh ich vielleicht wie ein Herr aus?« Das fremde Wesen verdrehte missmutig seine Glubschaugen. »Ich bin Frau Kriemhild.«

Vor Monika saß eine Kröte. Und hinter ihr noch eine. Überall waren Kröten. Und alle schienen dasselbe Ziel zu haben. Die kleine Schnecke musste sich mit ihrem Saugfuß gut am Boden festhalten, um nicht mitgerissen zu werden. Da purzelten die Kröten auch schon übereinander und es bildete sich ein langer quakender Stau.

»Du stehst uns im Weg!«, schimpfte Frau Kriemhild. »Wir haben es eilig.«

»Wo wollt ihr denn alle hin?«, erkundigte Monika sich.

»Es wird Frühling«, erklärte die Kröte. »Da haben wir immer Wandertag!«

»Und wohin wandert ihr?«, fragte Monika neugierig.

»Natürlich zum Gänseteich«, antwortete die Kröte.

Monika strahlte.

Im Frühling erwachen die Kröten aus der Winterruhe. Sie wandern dann zu dem Gewässer, in dem sie als Kaulquappe aus dem Ei geschlüpft sind und sich zur Kröte entwickelt haben. Nun paaren sie sich und legen dort ihre Eier ab.

Den Gänseteich kannte sie gut. Sie wollte Frau Kriemhild den Weg beschreiben, aber diese winkte nur mit ihrer Krötenflosse ab. »Den Weg kenne ich im Schlaf«, behauptete sie. »Im Gänseteich war doch mein Kinderzimmer.«

»Meins auch!«, sagte die Kröte neben ihr. »Meins auch, meins auch!«, riefen die anderen Kröten im Chor.

Sie alle waren im Gänseteich als winzige Kaulquappen aus dem Ei geschlüpft. Und weil der Teich so schön war, sollten auch ihre Kinder dort aufwachsen.

»Kriech mal zur Seite«, forderte Frau Kriemhild Monika auf. »Wir müssen weiter.«

Die kleine Schnecke rutschte auf ihrer Schneckenschleimspur aus dem Weg und die Krötenkarawane setzte sich wieder in Bewegung. Ein frecher Krötenjunge hüpfte auf Frau Kriemhilds Rücken. Er hatte ein Zweiglein in der Hand, das er wie eine Peitsche schwang. »Hüja, mein Pferdchen! Auf zum Gänseteich!«

Die Entwicklung einer Kröte

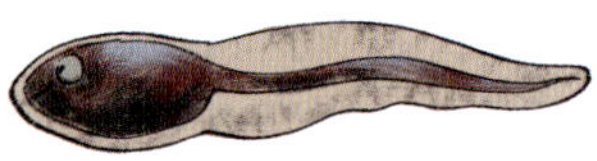

Junge Kaulquappe

Ältere Kaulquappe mit
Beinen und Schwanz

Mini-Kröte

ausgewachsene Kröte

»Wartet auf mich!«, rief Monika. »Ich will auch zum Gänseteich!« Vielleicht drehte Herr Günter schon seine Runden zwischen den Seerosen?

»Dann komm mit, schnell!«, rief Frau Kriemhild. Sie kroch schwerfällig weiter und die anderen Kröten folgten ihr.

»Aber ich bin eine Schnecke«, sagte Monika kleinlaut. »Bei mir geht gar nichts schnell.«

Leider konnte Frau Kriemhild das nicht mehr hören, denn sie krabbelte schon über die Gänseteichwiese. Aus weiter Ferne ertönte noch ein Quaken, dann war es ganz still. Monika blieb allein im Garten zurück.

»Hallo?«, rief die kleine Schnecke ängstlich. »Schorsch? Herr Günter?« Niemand antwortete. Monika begann zu schluchzen. »Wo sind denn alle?«

Zum Glück ging in diesem Moment die Sonne auf und es wurde hell. Aus einer Ritze in der Baumrinde krabbelte der Zitronenfalter Zipfel hervor. Er wärmte seine leuchtend gelben Flügel in der Sonne und sagte zu sich selbst: »Ich muss erst einmal Frühsport machen, um in Schwung zu kommen.« Während er sich dehnte, entdeckte er die kleine Schnecke.

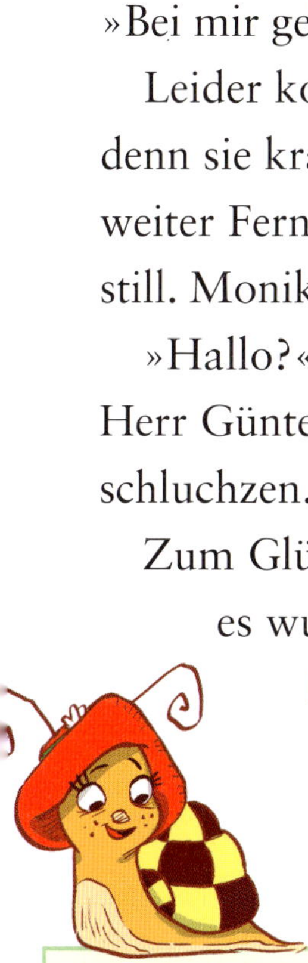

Zitronenfalter sind die ersten Schmetterlinge, die wir im Frühling sehen können. Schon im März verlassen sie ihre Überwinterungsplätze. Dann suchen die zitronengelben Männchen nach einer Braut. Die Weibchen sind heller und sehen limettengrün aus.

»Warum weinst du?«, fragte er verwundert.

Monika wischte sich die Tränen mit den Fühlern ab. »Ich dachte, ich bin ganz allein auf der Welt.«

»Niemand ist allein auf der Welt.« Zipfel versuchte, sie zu trösten. »Wenn du willst, kannst du mit mir zusammen Kniebeugen machen.« Er beugte seine sechs Knie, eins nach dem anderen.

Ratlos guckte Monika an sich herunter. »Aber ich habe keine Knie!«

»Tut mir leid«, sagte der Zitronenfalter. »Ich weiß nicht, wie Kniebeugen ohne Knie gehen.« Er streckte sich noch einmal und schwebte davon.

Traurig blickte Monika ihm nach. Wenn doch nur Herr Günter hier wäre! Der würde wissen, wie man Kniebeugen ohne Knie machte. Er wusste nämlich so ziemlich alles. Die kleine Schnecke dachte an Schorsch, der auch keine Knie hatte. »Ich vermisse meine Freunde«, sagte sie leise.

Plötzlich ertönte über ihr ein lautes Schnattern. Monika guckte nach oben. Sie entdeckte einen großen weißen Vogel in der Luft. »Herr Günter!«, rief sie überglücklich. Diesmal war er es wirklich. Das erkannte sie an seinem stattlichen Bauch. Doch warum landete er nicht? Stattdessen kreiste er über ihr herum – als würde er etwas suchen.

»Oh nein«, jammerte Monika. »Herr Günter findet unseren Garten nicht.«

Lag es daran, dass die Bäume kahl waren? Erkannte er das Gemüsebeet nicht, weil dort noch kein Salat wuchs?

»Hier bin ich!« Monika winkte eifrig mit ihren Fühlern. Doch sie war zu klein. Herr Günter konnte sie nicht sehen. »Hallo!«, rief die kleine Schnecke, so laut sie konnte.

Ihre verzweifelten Rufe drangen bis hinunter in Schorschs Wohngang. Davon erwachte der Regenwurm.

Verschlafen brummte er: »Ich komme ja schon.« Dann setzte er seine Kappe auf, kroch nach oben und blinzelte mürrisch ins grelle Licht.

»Schorsch!«, rief Monika überglücklich. »Da bist du ja endlich!« Aufgeregt zeigte sie ihm den Gänserich am Himmel. »Herr Günter weiß nicht, wo er landen soll! Woran liegt das nur?«

Schorsch wusste gleich Bescheid. »Ist doch klar wie Tümpelbrühe. Er findet die Landebahn nicht!«

Tatsächlich! Die leuchtend gelben Blumen, die sonst immer den Weg markiert hatten, fehlten, denn der Löwenzahn blühte noch nicht.

»Wir brauchen etwas leuchtend Gelbes«, schlug Monika aufgeregt vor. »Damit markieren wir die Landebahn für Herrn Günter!«

Schorsch sah sich suchend um. Im ganzen Garten blühte noch keine einzige Blume.

Da fiel Monika der nette Zitronenfalter ein. Er tanzte gerade mit ein paar Freunden durch die Luft. »Zipfel!«, rief sie. »Könnt ihr uns bitte helfen?«

»Natürlich. Kein Problem!«

Die Schmetterlinge schwebten herab und ließen sich in zwei Reihen auf der Wiese nieder. Dann klappten sie ihre leuchtend gelben Flügel auf. Nun waren sie von oben gut zu sehen.

Im nächsten Moment landete Herr Günter auch schon schnaufend im Gras.

»Vielen Dank!«, sagte er zu den Zitronenfaltern. »Ohne euch hätte ich den Weg zu meinen Freunden nicht gefunden!«

»Juchhu!«, jubelte Monika. »Wir sind wieder zusammen!«

»Habt ihr beide den Winter gut überstanden?«, erkundigte sich Herr Günter.

Schorsch streckte sich und gähnte herzhaft. »Nö. Ich bin ganz eingerostet«, sagte er.

»Ein Regenwurm kann nicht rosten«, erklärte Herr Günter.

»Wie ist es Ihnen denn auf der weiten Reise ergangen?«, wollte Monika wissen.

»Ich habe viel gelernt«, antwortete der Gänserich. »Und ich habe einen Elefanten gesehen. Er hatte sehr dicke Beine und einen langen Rüssel.«

»Sie haben wenigstens was erlebt«, beschwerte sich Schorsch. »Hier war es schrecklich langweilig.«

»Das wird sich ändern«, versprach Herr Günter. »Bald kommen die Tierbabys!«

Die drei Freunde waren sehr glücklich, dass sie sich nun wieder jeden Tag sehen konnten. Sie spielten zusammen, picknickten gemeinsam und freuten sich auf die Tierkinder.

Auch die anderen Gartenbewohner bereiteten sich auf ihre Ankunft vor: Eine eifrige Blaumeise schnappte sich eine Flaumfeder, die Herr Günter verloren hatte. Sie flog damit zu einer Baumhöhle im alten Kirschbaum und zwitscherte: »Vielen Dank! Damit polstere ich das Kinderzimmer aus!«

Ein Eichhörnchen schleppte weiches Moos in die Baumkrone. Und eine kleine Feldmaus stibitzte aus Herrn Günters altem Gänsenest Heu und stopfte es in eine Ritze am Schuppen. »Das wird ein kuscheliges Bett für meine Babys!«, piepste sie.

»Babys sind so niedlich!«, sagte Monika und strahlte. »Ich möchte sie streicheln, wenn sie endlich da sind.«

»Und ich will mit denen rumtoben!«, rief Schorsch.

Herr Günter hob seine Flügelspitze wie einen Zeigefinger. »Und von mir können sie etwas lernen.«

Er entdeckte eine Schlüsselblume und kostete sie. Überall an den Bäumen und Büschen drängten jetzt die ersten Blätter und Knospen heraus. An den Zweigen saßen flauschige Weidenkätzchen, um die Bienen und Hummeln herumschwirrten.

Weidenkätzchen sind im Frühling die erste Nahrung für Bienen. Sie stehen unter Naturschutz und dürfen nicht abgeschnitten werden.

Jeden Tag fragten Monika und Schorsch nach: »Wann kommen denn nun endlich die Tierbabys?«

»Es dauert noch«, vertröstete sie Herr Günter dann jedes Mal.

Doch eines Tages war es so weit. Der Gänserich brachte eine aufregende Neuigkeit vom Gänseteich mit: »Im Wasser paddeln kleine Kaulquappen herum!«

»Das sind die Kinder von Frau Kriemhild«, rief Monika.

»Na endlich!« Schorsch freute sich. »Mit denen wollen wir spielen.«

»Aber das geht nicht«, sagte Herr Günter. »Ihr könnt nicht schwimmen.«

Kurz darauf ertönte aus der Baumhöhle im alten Kirschbaum hungriges Piepsen.

Die Blaumeisenbabys waren geschlüpft. Das kleinste von ihnen, Mareike, hatte es am besten: Es lag gemütlich auf der weichen Flaumfeder vom Herrn Günter, während der Meisenpapa unermüdlich Futter zum Nest brachte.

Die meisten Tierkinder werden im Frühling geboren. Dann ist es schön warm und es gibt genug Futter für alle. Die Tierkinder haben bis zum nächsten Winter viel Zeit, um zu wachsen und von ihren Eltern alles zu lernen, was sie zum Überleben brauchen.

Monika fragte: »Dürfen wir mit den Meisenkindern spielen?«

»Nein«, sagte der Blaumeisenpapa. »Sie müssen erst noch wachsen.«

»Die sind sowieso viel zu laut«, schimpfte Schorsch. »Von dem Gepiepe tun mir die Ohren weh.«

»Ein Regenwurm hat keine Ohren«, erinnerte ihn Herr Günter.

Ein Eichhörnchen flitzte den Kastanienbaum hinunter. »Hast du auch Babys?«, fragte Monika.

»Ja!«, sagte die Eichhörnchenmama stolz.

»Dürfen wir mit denen spielen?«, wollte Schorsch wissen. Die Eichhörnchenmama schüttelte den Kopf. »Das geht nicht. Sie haben noch keine Haare.«

»Na und?« Schorsch fand das prima. »Ich habe auch keine Haare.« Aber die Eichhörnchenmama erklärte, dass ihre Babys noch viel zu klein waren, um draußen herumzutoben. Dann huschte sie zurück auf den Baum.

»Gibt es denn nirgendwo Tierkinder, mit denen wir spielen können?«, fragte Schorsch enttäuscht.

»Ich halte mal Ausschau!«, entschied Monika. Sie kroch am Gartenzaun hinauf. Der war sehr hoch und es dauerte ziemlich lange, bis sie endlich oben ankam.

Schorsch klopfte inzwischen ungeduldig mit seinem Regenwurmschwanzspitzenzipfelchen auf die Erde. »Was siehst du?«

Monika guckte sich um. Ihr wurde schwindelig. Der Zaun bildete die Grenze zwischen dem Garten und der großen Gänseteichwiese. Sie drehte den Kopf zur einen Seite. Dort stand Herr Günter im Garten. Er hatte das allererste Gänseblümchen gefunden, das süß wie Honig schmeckte.

Monika drehte den Kopf zur anderen Seite und entdeckte ein paar flauschige Hasenkinder bei ihren ersten Hoppelversuchen.

»Wollt ihr mit uns spielen?«, rief sie ihnen zu.

»Klar!«, antworteten die Hasenkinder.

»Toll!« Schorsch fand ein Astloch im Zaun und guckte

Frühblüher

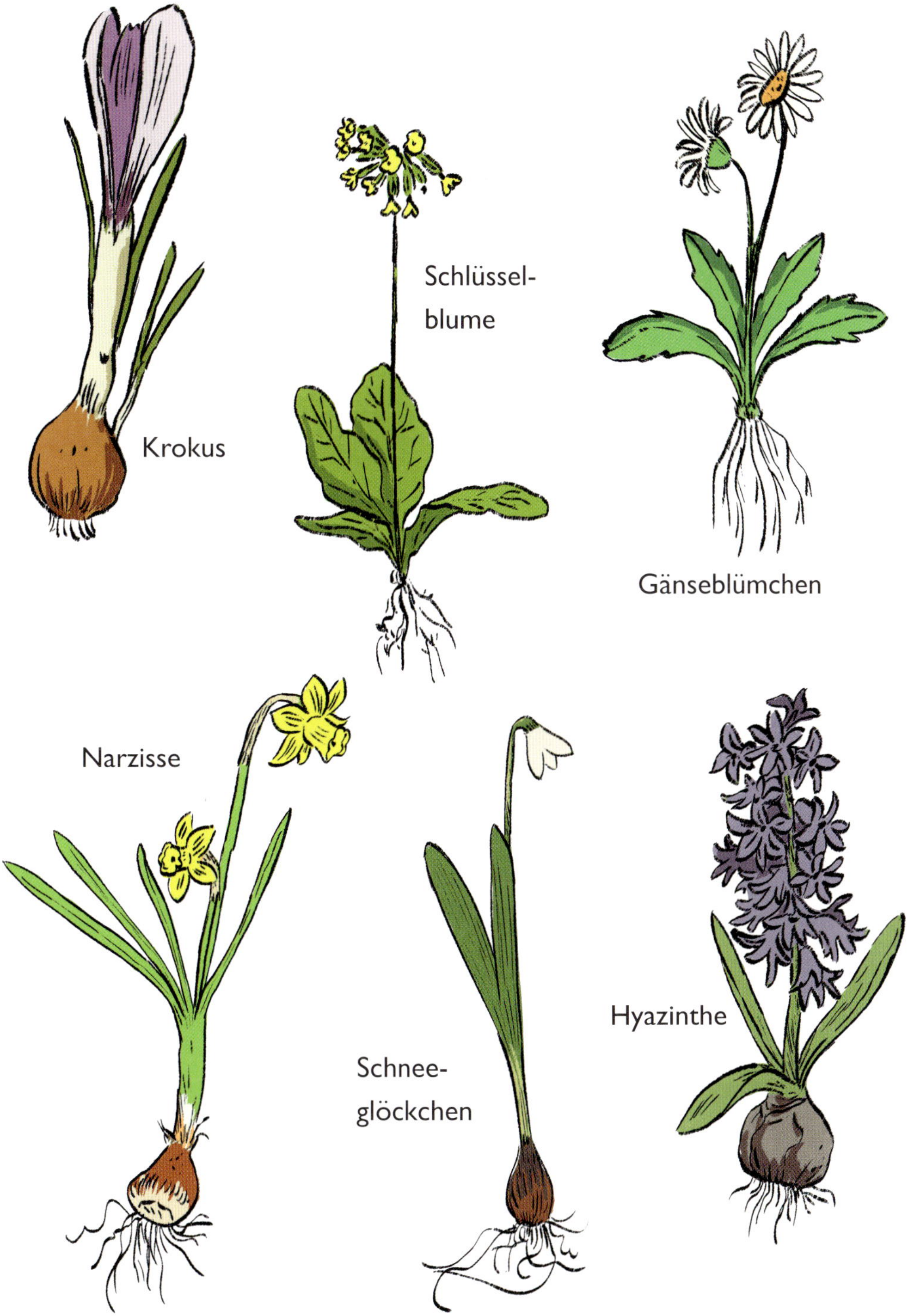
Krokus
Schlüssel-
blume
Gänseblümchen
Narzisse
Schnee-
glöckchen
Hyazinthe

hindurch. »Was wollen wir spielen?«, fragte er die Hasenkinder.

»Wir flitzen um die Wette!«, schlugen sie vor. »Wer als Erster am Waldrand ist. Nehmt eure Hoppelbeine in die Hand!«

»Wir haben gar keine Hoppelbeine«, wandte Monika ein. »Und auch keine Hand!«

Aber das hörten die Hasen nicht mehr. Sie waren schon am Waldrand angekommen. »Gewonnen!«, riefen sie.

Schorsch ärgerte sich sehr. »So ein Mist aber auch!«

»Sei nicht traurig!« Monika machte sich auf den Rückweg zu ihm. Dabei versuchte sie, ihren allerbesten Freund aufzumuntern. »Heute ist so ein herrlicher Frühlingstag! Da haben alle gute Laune!«

»Stimmt überhaupt nicht«, sagte eine betrübte Stimme hinter dem Zaun. »Ich habe keine gute Laune.«

Monika kehrte um und kroch im Schneckentempo wieder den Zaun hinauf. »Wer ist denn da?«, fragte sie.

»Jemand mit schlechter Laune«, stellte Schorsch fest. »Damit kenne ich mich aus.«

Er guckte wieder durch das Astloch und versuchte herauszufinden, wer auf der anderen Seite stand. Aber alles, was er sah, war ein Bein.

»Ich glaube, hier steht ein Elefant«, sagte Schorsch.

»Hast du einen langen Rüssel?«, erkundigte er sich bei dem Tier hinter dem Zaun.

»Nein.« Die Stimme klang sehr traurig.

»Aha!« Schorsch verstand. »Bestimmt ärgerst du dich, weil du keinen Rüssel hast.« Er versuchte, mehr über das fremde Tier herauszufinden. »Hast du auch keine Ohren?«, wollte er wissen.

»Doch. Die hab ich«, antwortete die Stimme hinter dem Zaun.

»Aber sicher hast du keine Nase!«, vermutete der Regenwurm.

»Doch«, versicherte das Tier. »Eine Nase hab ich.«

»Dann versteh ich das nicht.« Schorsch schüttelte verwundert den Kopf. »Du hast eine Nase. Und Ohren hast du auch. Und Beine und ein Fell. Wie kannst du da schlechte Laune haben?«

»Ich hab nie schlechte Laune«, sagte Monika. Sie war wirklich fast immer fröhlich. Sogar jetzt, wo sie schon zum zweiten Mal den hohen Zaun hinaufkriechen musste.

»Mit wem redet ihr eigentlich?«, fragte Herr Günter schmatzend.

»Es ist kein Elefant«, erklärte Schorsch.

Der Gänserich kam neugierig näher und flatterte über den Zaun.

In diesem Moment war Monika endlich wieder oben angekommen. »Huch!«, sagte sie erstaunt.

Das fremde Tier guckte sie mit traurigen braunen Augen unter langen dunklen Wimpern an. Es hatte eine schwarze Nase, hübsche Ohren und ein schönes hellbraunes Fell.

»Das ist ein Reh!«, stellte Herr Günter fest.

So sieht ein Reh aus

Das Reh sagte: »Ich heiße Resi.«

Schorsch hatte es satt, immer nur ein Bein von Resi zu sehen. Mit seinem Regenwurmschwanzspitzenzipfelchen bohrte er ein Loch in die Erde und verschwand darin. Er buddelte sich unter dem Zaun hindurch und tauchte kurz darauf auf der anderen Seite wieder auf. Nun konnte er das komplette Reh sehen.

»Ich hab schlechte Laune, weil ich keine Nase habe«, sagte er. »Und keine Hoppelbeine und keine Ohren. Und warum hast du schlechte Laune?«

Resi schniefte. »Es ist wegen meiner Mama.«

Herr Günter nickte verständnisvoll. »Hat sie mit dir geschimpft?« Manchmal wurde er von seiner Mutter Gertrud getadelt. Und dann bekam auch er schlechte Laune.

»Nein«, sagte Resi traurig. »Es ist viel schlimmer. Sie hat mich einfach weggeschickt! Ausgerechnet heute.«

»Was ist denn heute Besonderes?«, fragte Monika.

Resi schniefte. »Heute habe ich Geburtstag«, flüsterte sie.

Nun verstand Schorsch, warum das kleine Reh schlechte Laune hatte. Aber Monika war ganz sicher, dass es einen guten Grund dafür gab, dass Resi nicht zu Hause sein sollte. »Bestimmt plant deine Mama gerade eine große Überraschungsparty für dich!«

Beim Reh heißt das Männchen Rehbock und das Weibchen Ricke. Ein Rehbaby wird Kitz genannt. Rehmütter können die Entwicklung des Rehkitzes in ihrem Bauch und die Geburt hinauszögern, bis das Wetter warm genug ist. Die meisten Rehkitze kommen deshalb im Mai zur Welt.

»Herzlichen Glückwunsch zum Geburtstag!«, sagte Herr Günter.

Monika begann, auf der anderen Seite des Zauns hinunterzukriechen. Sie wollte auf der Gänseteichwiese einen Blumenstrauß für Resi pflücken.

Schorsch gratulierte ebenfalls und fragte: »Lädst du uns zu deiner Feier ein?«

»Na klar!«, versprach Resi.

»Toll!«, rief Schorsch. »Das wird lustig!«

Aber leider schüttelte Herr Günter nachdenklich den Kopf und widersprach: »Es wird keine Feier geben.«

»Und wieso nicht?« Schorsch war empört. Er hatte sich schon so darauf gefreut.

Auch Monika verstand das nicht. Wieso war sich Herr Günter so sicher? Und wenn Resis Mama keine Überraschung vorbereitete, weshalb durfte Resi dann nicht zu Hause sein?

»Warum hat mich meine Mama denn dann weggeschickt?«, wollte auch Resi wissen.

Herr Günter strich ihr tröstend mit dem Flügel über das Fell. »Weil sie ein Baby bekommen hat«, erklärte er.

Kurz bevor die neuen Kitze zur Welt kommen, vertreiben die Rehmütter ihre Jungtiere, die im vorigen Jahr zur Welt gekommen sind. Diese bleiben aber noch in der Nähe ihrer Mutter. Mit einem Jahr sind junge Rehe schon fast ausgewachsen und müssen lernen, sich alleine zurechtzufinden.

»Was? Nur deswegen?« Resi ließ den Kopf hängen. Dabei hatte sie sich so auf ihr Geschwisterchen gefreut. Plötzlich konnte sie das Baby nicht mehr leiden. »Ich wäre lieber ein Einzelkind«, klagte sie.

Monika versuchte, sie zu trösten. »Bestimmt hat dich deine Mama trotzdem lieb.«

»Aber das neue Baby hat sie lieber«, jammerte Resi. Tränen kullerten aus ihren Rehaugen.

»Nein«, sagte Herr Günter. »Das ist nicht der Grund.«

Schniefend wischte Resi sich die Nase im Gras ab. »Doch. Es ist bestimmt viel niedlicher als ich.«

»Quark mit Quatschsoße«, sagte Schorsch. Die neugeborenen Tierbabys, die er bisher gesehen hatte, waren alle ziemlich hässlich gewesen, ohne Federn und Fell.

Und auch Monika konnte sich nicht vorstellen, dass irgendein Tier hübscher als Resi war. »Wo ist denn dein Geschwisterchen?«, fragte sie. »Damit wir vergleichen können.« Sie hielt Ausschau nach dem Rehkitz.

»Es liegt gut versteckt irgendwo im Gras«, erklärte Herr Günter. »Sodass es der listige Fuchs nicht findet.« Bei dem Gedanken an den Fuchs bekam er eine Gänsehaut.

»Aber ich bin doch seine Schwester und kein Fuchs«, sagte Resi trotzig. »Ich will es doch nur mal angucken.«

Herr Günter schüttelte den Kopf. »Wenn dir ein Räuber hinterherschleicht, könntest du das Versteck verraten.«

Das Rehkitz hat helle Flecken auf dem Fell.
Dadurch ist es auf einer Frühlingswiese gut getarnt.

»Wirklich?« Resi erschrak. Sie war ein bisschen sauer auf das neue Geschwisterchen. Aber in Gefahr bringen wollte sie es nicht. Sie seufzte. »Die Kleinen haben es viel besser«, sagte sie. »Ich wäre auch gerne noch ein Baby. Dann würde sich meine Mama nur um mich kümmern.«

Monika sah vom Zaun zu Schorsch herab. Der erwiderte ihren Blick erwartungsvoll, und da wussten die beiden Freunde, dass sie dasselbe dachten: Resi war genau das Tierkind, nach dem sie gesucht hatten!

»Wir werden uns um dich kümmern!«, rief Monika. »Dann bist du nicht mehr traurig.«

»Außerdem spielen wir mit dir!«, versprach Schorsch.

»Und ich bringe dir etwas bei«, schlug Herr Günter vor. »Aber zuerst machen wir ein Picknick. Mit vollem Bauch sieht die Welt gleich viel besser aus.«

Resis Miene heiterte sich ein kleines bisschen auf. Sie lief zum Gartenzaun, wo köstliche Kräuter wuchsen. Schon wollte sie ein Blatt abzupfen, da rief Schorsch: »Halt!«

Und Herr Günter erklärte: »Wir müssen warten, bis Monika da ist.«

Resi seufzte. »Ich wäre auch lieber eine langsame Schnecke. Dann würden immer alle auf mich warten.«

Es dauerte eine ganze Weile, bis Monika unten ankam. Sie pflückte einen Gänsewiesenblumenstrauß und kroch zu ihren Freunden. Fast war sie da, als sie plötzlich noch einmal anhielt.

»Was ist denn nun schon wieder?«, fragte Resi und zappelte ungeduldig. Sie wollte endlich ihre Blumen bekommen und picknicken.

Aber direkt vor der kleinen Schnecke hing ein Aurorafalter an einem Grashalm. Seine Flügel waren ganz zerknittert.

»Du bist mir im Weg«, sagte Monika und bat: »Kannst du bitte fortfliegen?«

Der Falter schüttelte den Kopf. »Ich bin gerade eben frisch geschlüpft. Meine Flügel sind noch ganz weich und empfindlich.«

Monika überlegte und entschied: »Dann krieche ich um dich herum.«

»Vielen Dank!«, sagte der Aurorafalter und freute sich.

Er ließ sich von der Sonne bescheinen und wartete darauf, dass seine Flügel fest wurden. Erst dann würde er davonfliegen können.

Resi wurde nachdenklich. Jeder musste wohl irgendwann Rücksicht nehmen. Sogar eine kleine, langsame Schnecke.

Als Monika endlich bei ihren Freunden ankam, war sie ganz außer Atem. »Herzlichen Schnaufschnauf zum Geburtstag«, keuchte sie und übergab Resi den Strauß.

Und weil sie nun alle zusammen waren, konnten sie endlich picknicken.

»Vielen Dank für die Blumen!«, sagte Resi und verputzte sie mit großem Appetit. Dann futterte sie Kräuter und zum Schluss knabberte sie an ein paar grünen Trieben. »Jetzt bin ich satt«, stellte sie fest. In ihren Bauch passte kein einziges Blatt mehr hinein.

»Geht es dir besser?«, fragte Herr Günter schmatzend. Er brauchte dringend noch einen Nachtisch.

»Ein bisschen«, sagte das kleine Reh. Es war zwar satt, aber immer noch traurig.

Plötzlich raschelte es im Gebüsch. »Resi?«, rief eine sanfte Stimme. »Wo bist du?«

Resi sprang auf. »Mama!«, antwortete sie glücklich. »Hier bin ich!«

Hinter einem Strauch kam die Rehmama hervor. Sie stupste Resi zärtlich mit der Nase an. Beide rieben ihre Köpfe aneinander.

»Ich wollte nur nach dir sehen«, sagte die Mama. »Ich habe dein Schwesterchen auf der Wiese versteckt und ihm Milch gegeben.«

Resi strahlte. »Das Baby ist eine Schwester?«, fragte sie.

Die Rehmama nickte. »Willst du ihr einen Namen geben?«, fragte sie.

Resi wurde rot vor Freude. In der Aufregung fiel ihr gar nichts ein. In diesem Moment waren die Flügel des Aurorafalters getrocknet und er tanzte über die Wiese. Da wusste Resi einen Namen: »Aurora!«

»Das klingt wunderschön!« Resis Mama lächelte. Dann sagte sie: »Ich muss nun zurück zu deiner Schwester. Aber sobald sie laufen kann, werden wir wieder zusammen sein. Du, Aurora und ich.«

Resi nickte tapfer. Sie sah ein, dass sie ihre kleine Schwester beschützen musste. Aber die Trennung fiel ihr schwer.

»Ich bin ganz stolz, dass du schon so groß und vernünftig bist«, sagte die Rehmama zu ihr. Nun war es für Resi etwas leichter zu warten.

Nach ein bis zwei Wochen kann ein Rehkitz laufen und seiner Mutter folgen. Spätestens im Herbst finden sich auch die älteren Geschwister wieder bei ihren Müttern ein. Sie bilden dann eine Gruppe, einen sogenannten »Sprung«, und bleiben zusammen, um gemeinsam besser durch den Winter zu kommen.

»Wir passen gut auf Resi auf!«, versprach Herr Günter. Monika nickte so eifrig, dass ihre Fühler wackelten.

Die Rehmama war erleichtert. »Ich bin wirklich froh, dass Resi so gute Freunde gefunden hat. Nun ist alles in Ordnung.«

»Ist es gar nicht«, sagte Schorsch entrüstet. »Resi hat immer noch keine Geburtstagsfeier.«

»Du hast ja recht.« Die Rehmama seufzte. »Aber wie soll ich das schaffen?« Unruhig guckte sie über die Wiese. Irgendwo dort hatte sie das Rehkitz versteckt. Es war ganz hilflos und brauchte sie. Sie konnte nicht mit Resi Geburtstag feiern und gleichzeitig Aurora bewachen und füttern.

Zum Glück hatte Monika eine Idee. »Wir kümmern uns um die Feier! Dürfen wir?«

Herr Günter versprach: »Ich passe auch auf, dass es genug zu essen gibt.«

»Bitte, bitte, bitte!«, bettelte Resi. »Dürfen wir?«

Da erlaubte es ihre Mama. Das kleine Reh durfte Gäste einladen und feiern, bis es dunkel wurde. »Du bist ja schon groß«, sagte die Rehmama zu ihr. »Da darfst du wirklich länger wach bleiben als deine kleine Schwester.« Sie gab Resi einen Abschiedskuss, bevor sie im Gebüsch verschwand. »Bis morgen!«

Und dann begannen die Vorbereitungen für Resis Geburtstagsparty.

Herr Günter öffnete mit seinem Schnabel die Pforte und sagte: »Kommt in den Garten!«

Monika war sehr froh, dass sie nicht schon wieder über den hohen Zaun kriechen musste. Resi lief im Garten herum und lud Gäste ein: das Eichhörnchen Heidi, die vier Kaninchenkinder, Unke Rosi und den Kuckuck Lümmel.

In der Zwischenzeit klebte Monika mit Schnirkelschneckenschleim eine Blumengirlande zusammen, während Herr Günter aus Kräutern und Löwenzahn einen grünen Salat zubereitete. Und Schorsch dachte sich lustige Spiele aus.

Als alle Gäste da waren, sangen sie für Resi ein Geburtstagslied und tanzten dazu ausgelassen im Kreis. Anschließend spielten sie Verstecken und futterten Salat.

Sie feierten so lange, bis es dunkel wurde und die anderen Tierkinder nach Hause mussten.

Die Nacht brach herein. Der Mond hing wie ein Lampion über der Blumengirlande und beleuchtete den Garten.

»Seid ihr denn gar nicht müde?«, fragte Herr Günter erschöpft.

»Ein bisschen«, gab Schorsch zu und Monika gähnte.

Langsam wurde es kühl und sie kuschelten sich aneinander.

»Ich hatte noch nie eine so schöne Geburtstagsfeier!«, erklärte Resi glücklich. Und das stimmte, denn es war ihr allererster Geburtstag gewesen.

»Und ich habe Muskelkater in meinem Saugfuß«, stellte Monika erstaunt fest.

Resi dachte noch über etwas anderes nach. »Es ist ziemlich anstrengend, aber auch sehr schön, eine große Schwester zu sein!«

»Oder ein großer Bruder!«, sagte Schorsch.

»Oder ein großer Gänserich!« Herr Günter deckte die Freunde liebevoll mit seinen Flügeln zu. »Ein großer Gänserich zu sein, das ist besonders anstrengend. Aber auch besonders schön.«

2.

Sommer

Alles meins!

»Hui!« Die kleine Schnecke Monika schnaufte. »Heute ist es aber heiß!« Sie guckte nach oben. Keine einzige Wolke war am Himmel zu sehen. Das Getreide auf dem Feld hinter dem Garten hatte sich goldgelb gefärbt. Und zwischen den reifen Ähren leuchteten Kornblumen und Mohn.

Schorsch zog seine Kappe tiefer ins Gesicht. »Die Sonne blendet«, meckerte er. »Ich muss mir eine Sonnenbrille auf die Nase setzen!«

»Ein Regenwurm hat keine Nase«, erinnerte ihn Herr Günter.

Schorsch ärgerte sich. Wie sollte er ohne Nase diesen heißen Tag überstehen?

Da tanzte der Zitronenfalter Zipfel über die Wiese.

»Hallo!«, rief Monika und winkte ihm mit ihren Fühlern.

»Mir ist viel zu warm«, klagte Zipfel, winkte zurück und flog dann schnell weiter, auf der Suche nach Schatten.

Der Graugänserich fächelte sich mit den Flügeln frische Luft zu. Auch ihm war der Sommertag viel zu warm mit seinem dichten Gefieder. »Ich brauche dringend eine Erfrischung«, schnatterte er.

Monika entdeckte ein schattiges Plätzchen unter dem Schuppendach und kroch los. Die Steinchen auf dem Weg dorthin waren so heiß, dass ihr Schneckenschleim schneller als sonst trocknete und sie nur sehr langsam vorankam.

»Kommt her! Hier ist es etwas kühler«, rief sie, als sie es endlich geschafft hatte.

Wenig später quetschten sich die drei Freunde gemeinsam unter das Schuppendach. Die Sonne stand inzwischen so hoch, dass der Schatten nicht groß genug war für eine Schnecke, einen Regenwurm und einen stattlichen Gänserich. Und so eng aneinandergedrängt, wurde ihnen nur noch wärmer.

»Ich halte das nicht mehr aus«, jammerte Monika.

Schorsch stöhnte: »Puh! Ich schwitze!«

»Ein Regenwurm kann nicht schwitzen«, erklärte Herr Günter. »Schnecken und Gänse allerdings auch nicht.«

Sie seufzten alle drei.

»Ihr solltet Sommerschlaf halten wie ich!«, wisperte ihnen in diesem Moment eine Stimme zu. Es war wieder der Zitronenfalter Zipfel. Er hatte sich ein schattiges Plätzchen unter einem Blatt gesucht und zwinkerte ihnen nun gut gelaunt zu.

»Nö«, sagte Schorsch. »Schlafen ist langweilig.« Er hätte gern mit jemandem gespielt. Aber das Reh Resi versteckte sich vor der Sommerhitze im schattigen Wald. Und die Unke Rosi nahm im Schlamm am Gänseteich ein kühles Bad.

Im Hochsommer halten Zitronenfalter mehrere Wochen lang Sommerschlaf an einem schattigen Platz. So überstehen sie die Hitze.

Tierische Tricks gegen Hitze

Nicht alle Tiere können schwitzen und müssen sich auf andere Art abkühlen:

Eichhörnchen benutzen ihren buschigen Schwanz als Sonnenschirm.

Kängurus reiben sich mit Spucke ein.

Kaninchen verkriechen sich unter der Erde.

Schweine nehmen ein Schlammbad.

Herr Günter hielt eine Flügelspitze in die Luft und stellte fest: »Es ist windstill. Wenn wenigstens ein Luftzug für Abkühlung sorgen würde.«

Das brachte Schorsch auf eine prima Idee: Während Monika und Herr Günter weiter reglos an der Schuppenwand lehnten, kroch er geschäftig durch die Gegend. Er sammelte Stöckchen und pfiff dabei eine fröhliche Melodie. Die beiden Freunde beobachteten ihn erstaunt. Nun bohrte und hämmerte der Regenwurm auch noch. Er legte Äste zusammen und umwickelte die Verbindungsstellen anschließend mit Grashalmen.

»Was machst du denn da?«, erkundigte Monika sich neugierig.

Schorsch steckte eine Kurbel an seine Apparatur und führte stolz seine Erfindung vor: »Ich habe einen Ventilator gebaut!«

Der Luftzug des Ventilators wehte ihm fast die Kappe vom Kopf.

Herr Günter beäugte die Maschine und staunte. »Eine kluge Idee! Damit kann man erfrischenden Wind erzeugen!«

»Oh, wie fein!« Auch Monika freute sich. »Ich möchte bitte ganz viel Wind haben.«

»Wird sofort geliefert!« Schorsch richtete die Windmaschine auf sie und drehte mit seinem Regenwurmschwanzspitzenzipfelchen an der Kurbel. Der Propeller surrte. Die Schnecke hielt ihr Gesicht in den Luftstrom, sodass ihre Fühler flatterten. »Ah!«, rief sie glücklich. »Wie erfrischend!«

»Könnte ich bitte auch ein wenig kühle Luft bekommen?«, bat Herr Günter.

»Ist doch klar wie Tümpelbrühe«, versicherte Schorsch großzügig. Er drehte den Ventilator zum Gänserich und kurbelte immer wilder und immer schneller. Leider war die Konstruktion nicht sehr stabil. Ein Stöckchen löste sich, flog weg und traf Herrn Günter am Kopf.

»Au!«, klagte der Gänserich, auf dessen Kopf sofort eine dicke Beule wuchs. »Das hast du mit Absicht gemacht!«

»Quark mit Quatschsoße!«, widersprach Schorsch. »Das war doch nur aus Versehen!« Aber sein Kopf leuchtete dunkelrosa vor Verlegenheit.

Herr Günter watschelte beleidigt ins Gemüsebeet. »Ich werde mich auf eine bessere Art erfrischen«, verkündete er und fraß ein saftiges Blatt. Danach ein zweites und dann gleich noch eins. Er konnte gar nicht aufhören zu fressen. »Ah!«, seufzte er nach einer Weile zufrieden. »Das tut gut!«

»Ich möchte mich auch mit Salat erfrischen«, sagte Monika.

»Und ich erst«, erklärte Schorsch. Von der anstrengenden Kurbelei war ihm noch wärmer geworden.

Aber Herr Günter wollte den Salat nicht teilen. Als seine beiden Freunde im Gemüsebeet ankamen, raffte er hastig die Blätter zusammen.

Monika streckte ihre Raspelzunge nach einem besonders saftigen Salatblatt aus.

»Halt!«, rief Herr Günter. »Dieses Blatt gehört mir.«

Die gutmütige Monika kroch zu einem anderen. »Dann nehme ich eben das hier.«

Doch Herr Günter verbot auch das. »Auf keinen Fall! Das darfst du nicht essen.«

»Und warum nicht?«, wollte Schorsch wissen.

»Seht ihr denn meine Markierung nicht?«, fragte Herr Günter.

Sie betrachteten das Blatt genauer. Es hatte in der Ecke tatsächlich eine merkwürdige Kerbe.

»Und was bedeutet das?«, fragte Monika.

»Besitz von Herrn Günter«, sagte der Gänserich und fraß das Blatt. »Alles meins.«

»Das ist ungerecht«, fand Schorsch.

Und das war es

wirklich. Denn in jedes einzelne Blatt im Gemüsebeet hatte Herr Günter mit seinem Schnabel eine Kerbe gezwickt.

»Da bleibt ja gar nichts mehr für uns«, klagte Monika. Ihre Raspelzunge fühlte sich schon ganz ausgedörrt an.

Schorsch futterte aus Verzweiflung etwas Erde. Aber die war so trocken, dass eine Staubwolke aus seinem Mund quoll, als er hustete. Wie gern hätten die beiden ihren Durst mit einem saftigen Salatblatt gestillt.

»Ach bitte, Herr Günter«, bettelte Monika. Traurig hingen ihre Fühler nach unten. »Man muss doch mit seinen Freunden teilen.«

»Genau!« Schorsch erinnerte den Gänserich: »Ich habe für Sie sogar Wind gemacht!«

»Von wegen«, sagte Herr Günter. »Du hast mich mit einem Stock beschossen.«

Er stopfte ein besonders saftiges Blatt in seinen Schnabel. Leider schmeckte es unter den vorwurfsvollen Blicken seiner Freunde ein wenig bitter. »Sucht euch selbst etwas«, sagte er trotzig. »Das sind meine Vorräte.«

»So viele Vorräte brauchen Sie doch gar nicht!«, protestierte Monika.

Doch Herr Günter schüttelte entschieden den Kopf und schnappte sich das nächste Blatt. »Man kann nie genug Vorräte haben.« Er war nun einmal ein Gänserich und musste besonders viel fressen.

»Sie sind ein richtiger Hamster«, schimpfte Schorsch.

Verärgert kniff Herr Günter den Schnabel zusammen. »Jetzt bin ich aber wirklich beleidigt«, sagte er. »Ich werde mir einen neuen Freund suchen. Einen, der mich besser versteht.«

Aber wo konnte er den finden? Hinter dem Schuppen trennte ein Maschendrahtzaun den Garten vom angrenzenden Feld. Dort hinüber flatterte Herr Günter. Er drehte sich noch einmal zu Monika und Schorsch um und hob seine Flügelspitze wie einen drohenden Zeigefinger. »Wehe, ihr rührt in der Zwischenzeit meine Blätter an!«

Dann machte er sich auf die Suche nach einem besseren Freund. Zuerst guckte er in die Luft, aber mit der Schwalbe Schwatzeline, die da flog, wollte er nichts zu tun haben. Die schwatzte und kicherte zu viel. Dann sah er zum Feldrand. Dort stolzierte der Storch Professor Schnippschnappel herum. Aber der kam auch nicht infrage. Der wusste immer alles besser.

Weil Herr Günter auf dem Feld beschäftigt war, schlug Schorsch vor: »Los, wir futtern heimlich ein Blatt.«

Monika hielt ihn zurück. »Lieber nicht«, sagte sie.

»Bestimmt kommt Herr Günter gleich wieder und macht mit uns zusammen ein Picknick.«

Tatsächlich drehte sich der Gänserich in diesem Moment zum Garten um. Monika winkte ihm mit ihren Fühlern zu. Und Schorsch wedelte freundlich mit seinem Regenwurmschwanzspitzenzipfelchen.

Herr Günter wurde unsicher. Hatte er etwa einen Fehler gemacht? Aber weil er ein sehr stolzer Gänserich war, gab Herr Günter nicht gern zu, dass er sich geirrt hatte. Deshalb plusterte er jetzt trotzig sein Gefieder auf und sagte laut zu sich selbst: »Pah! Ich brauche Monika und Schorsch nicht. Ich werde auf dem Feld sicher ganz schnell einen besseren Freund finden. Ich muss nur ordentlich nach einem suchen.«

Monika und Schorsch beobachteten betrübt, wie Herr Günter mit erhobenem Schnabel über das Feld marschierte.

»Au«, rief er plötzlich. »Mich hat etwas in den Bürzel gepiekt!«

Irgendjemand kicherte. »Sie hat bloß der Hafer gestochen.«

Herr Günter beugte seinen Kopf hinunter. Die Getreideähren trugen spitze Grannen. »Das ist kein Hafer«, stellte er fest.

»Weiß ich doch. Es ist Roggen«, sagte die Stimme.

Herr Günter wurde neugierig. Hier schien ein Experte zu sitzen. Das gefiel ihm. Er stöberte mit dem Schnabel im Getreide herum und fragte: »Wer ist da?«

Zwischen den trockenen Halmen raschelte es. Ein kleines, pelziges Tierchen steckte seine Nase heraus. Es hatte dieselbe goldgelbe Farbe wie das reife Getreide und war ein Feldhamster.

»Ich bin Harry«, erklärte der kleine Hamster. »Roggen schmeckt besser als Hafer. Und Weizen schmeckt am allerbesten.«

Herr Günter probierte das Getreide und nickte. »Nicht übel!«

»Und was halten Sie von Dinkel?«, fragte Harry.

»Ist äußerst gesund«, versicherte Herr Günter.

Der Hamster stopfte ein paar Körner in seine Backen und erklärte: »Ich lege mir von jeder Sorte einen Vorrat an.«

Herr Günter freute sich. »Ich habe mir ebenfalls Vorräte zugelegt«, verriet er.

Getreidearten

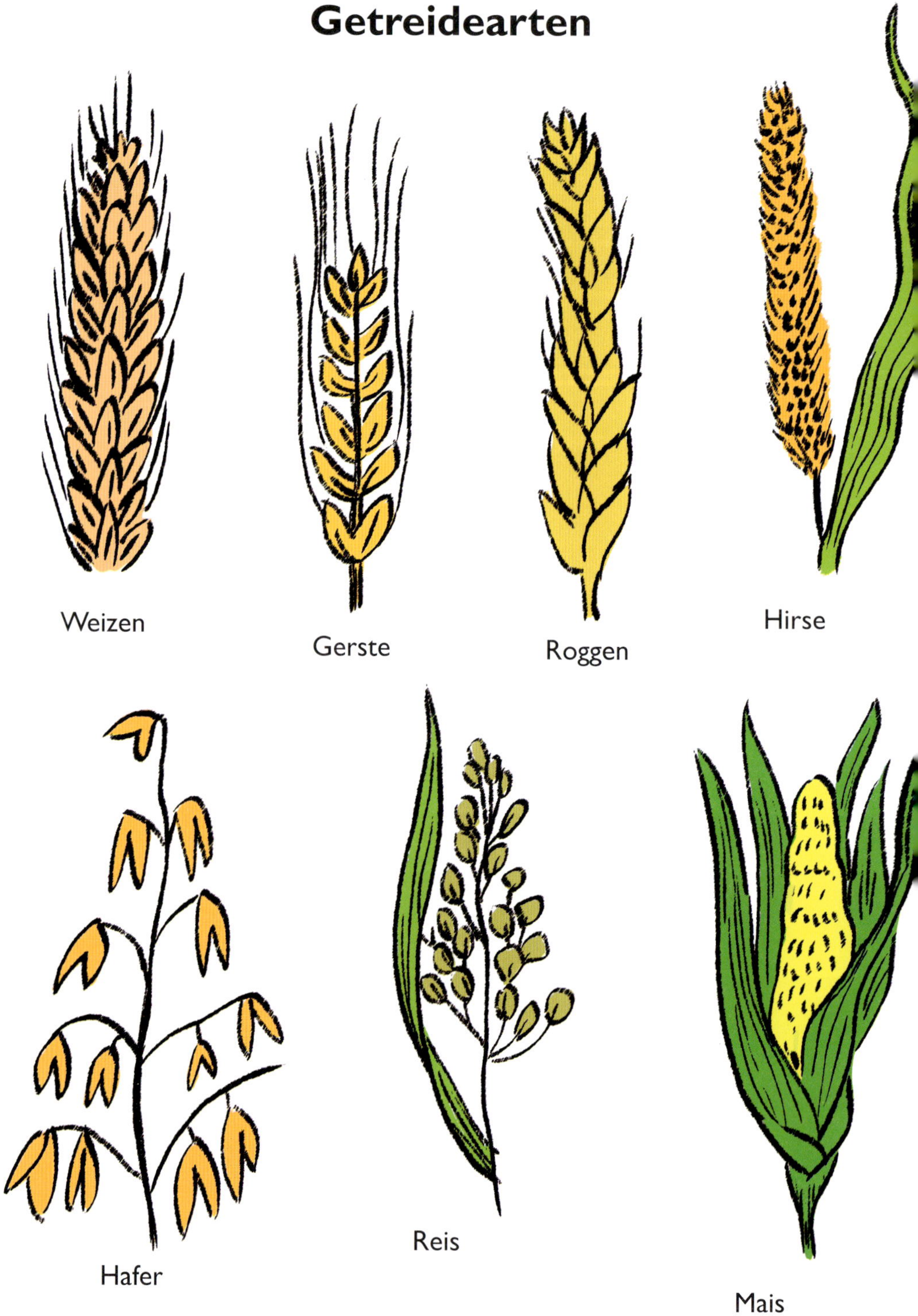

Harry stopfte noch mehr Körner in seine Hamsterbacken. Sie wurden immer größer. »Iff finde, man kann nie genug Vorräte haben«, nuschelte er.

Herr Günter war begeistert. Endlich hatte er jemanden gefunden, der ihn verstand! »Hast du auch Angst, dir könnte einmal der Proviant ausgehen?«, erkundigte er sich.

Harry nickte eifrig, während er weiter Körner in seine Backentaschen schob, die dadurch noch größer wurden.

»Eine schreckliche Vorstellung«, sagte Herr Günter und schüttelte sich.

Harrys Kopf war jetzt auch breiter, als er hoch war. Das sah ein wenig ulkig aus, fand Herr Günter. Und Harry musste aufpassen, dass er beim Sprechen keine Körner verlor. »Aber noff mehr Angst habe iff vor dem Fuchff.«

Herr Günter bekam eine Gänsehaut. »Ich fürchte mich ebenfalls vor dem Fuchs.«

Harry verschwand kurz und kehrte mit leeren Hängebacken zurück. Genüsslich futterte er eine Kamillenblüte. »Kräuter schmecken auch fein«, sagte er und grinste.

Herr Günter kostete ebenfalls eine Kamillenblüte und war entzückt. »In der Tat! Köstlich!«

Sie hatten wirklich viele Gemeinsamkeiten.

»Wir sind uns immer einig!«, sagte Herr Günter zu Harry. »Wie schön, dass wir nun Freunde sind.«

Hamsterkopf

Die Backentaschen eines Feldhamsters sind so dehnbar, dass er darin sogar seine Babys herumtragen kann. Er hat sehr scharfe Nagezähne, die sich beim Nagen abnutzen und deshalb ständig nachwachsen. Feldhamster sind Einzelgänger.

Der Hamster zog ein schiefes Gesicht. »Ich will aber nicht mit Ihnen kuscheln!«, stellte er klar. »Wir machen nur zusammen Picknick!«

»Picknick mache ich sowieso am allerliebsten!«, versicherte der Gänserich. Er rief so laut, dass man es auch im Garten hören konnte: »Ich habe den perfekten Freund gefunden!«

Monika und Schorsch guckten sich erschrocken an.

»Ich glaube«, sagte die kleine Schnecke traurig, »Herr Günter braucht uns nicht mehr.«

Schorsch legte tröstend sein Regenwurmschwanzspitzenzipfelchen um sie.

Geknickt spähten sie durch den Drahtzaun. Der Gänserich bemerkte das gar nicht. Er war viel zu beschäftigt mit seinem neuen Freund. Harry quetschte Körner in seine Hamsterbacken, Herr Günter stopfte Blätter in seinen Schnabel.

»Wo lagerst du deine Vorräte?«, wollte er von dem Hamster wissen.

Harry drückte ein paar Getreidehalme platt und ein Erdloch wurde sichtbar. »In meiner unterirdischen Speisekammer. Dort ist es schön kühl.«

Hamsterbau

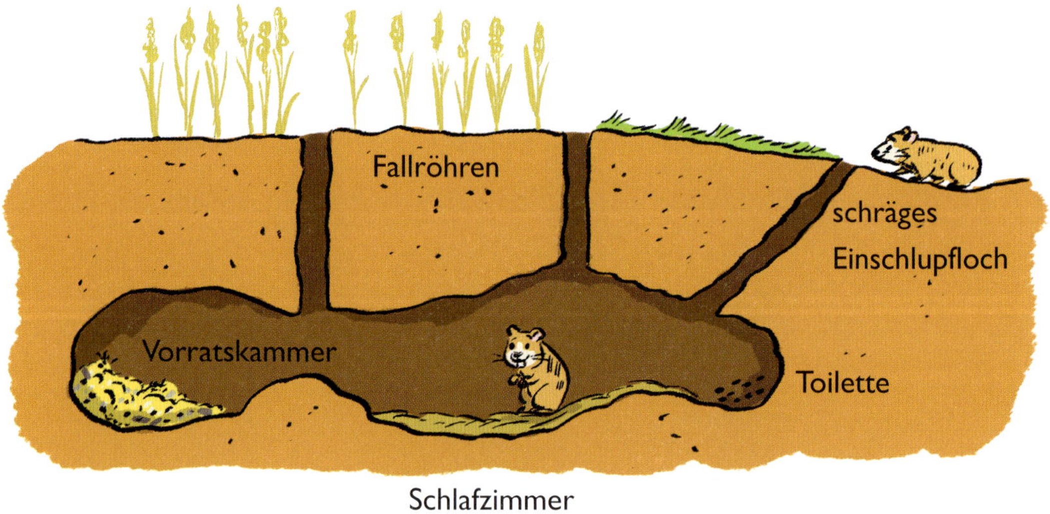

Dann verschwand er in dem Gang, der hinab in seinen Hamsterbau führte. Als er wieder auftauchte, waren seine Hamsterbacken leer. »Ich muss neue Vorräte holen«, erklärte er. »Es reicht noch nicht.«

Herr Günter zeigte auf die Kornblumen. »Wie wäre es damit?«

Harry schüttelte entschieden den Kopf. »Kann man nicht gut lagern. Körner sind viel geeigneter.« Er sammelte Roggensamen ein, die auf den Boden gefallen waren.

Herr Günter freute sich. So blieb mehr für ihn. Sein neuer Freund gefiel ihm immer besser. Er fraß die Kornblumen nun selbst und erklärte: »Ich lagere meine Vorräte am liebsten im Bauch.«

Die beiden begannen zu fachsimpeln, was die klügere Art von Vorratshaltung war. Sich einen Speckbauch wie Herr Günter anzufuttern? Oder sich eine Vorratskammer bis zum Rand vollzustopfen wie Harry?

»Wir machen am besten beides!«, riefen sie gleichzeitig.

Ihr lautes Lachen drang bis in den Garten.

> Getreidekörner eignen sich sehr gut zur Lagerung für den Wintervorrat. Denn sie halten sich besser als Kräuter und Blätter. Um im Winter nicht zu verhungern, muss ein Feldhamster bis zu zwei Kilogramm Vorräte hamstern. Im Herbst gräbt der Hamster seinen Bau tiefer und verstopft die Eingänge mit Erde.

»Hörst du das?«, fragte Monika geknickt.

»Ja«, brummte Schorsch. »Ich glaube, Herr Günter ist froh, dass er uns los ist.«

Es schien, als hätte der Gänserich Monika und Schorsch vergessen. Er futterte mit dem Hamster um die Wette. Man konnte nicht genau sagen, wer von den beiden mehr in sich hineinstopfte: der kleine Harry mit seinen dicken Backentaschen oder der große Herr Günter mit seinem stattlichen Bauch. Er guckte gar nicht mehr hin, was ihm vor den Schnabel kam.

Seine Freunde standen unterdessen weiter hinter dem Drahtzaun und beobachteten das Ganze.

»Monika?«, sagte Schorsch und stupste die kleine Schnecke an. »Ich glaube, Herr Günter hat einen Sonnenstich.«

Tatsächlich verhielt sich der Gänserich sehr merkwürdig. Er futterte nämlich sogar Kieselsteine.

»Herr Günter!«, rief Monika. »Sie haben gerade Steine verschluckt. Die werden Ihnen schwer im Magen liegen.«

»Keineswegs«, sagte Herr Günter. »Die Steine helfen mir bei der Verdauung. Und jetzt stör mich und meinen neuen Freund nicht mehr beim Essen.«

Monika war sehr enttäuscht. »Aber eigentlich machen Sie doch immer mit uns Picknick!«, sagte sie vorwurfsvoll.

Da Vögel keine Zähne haben, fressen sie manchmal Steinchen. Diese zerreiben im Magen die Nahrung und helfen bei der Verdauung. So ähnlich funktioniert auch eine Getreidemühle: Zwischen den schweren Mühlsteinen werden die harten Körner zu feinem Mehl zerrieben.

»Ich picknicke jetzt lieber mit Harry«, erklärte der Gänserich. »Wir passen viel besser zusammen.«

Schorsch war empört. »Ohne uns hätten Sie im Frühling nicht mal Ihre Landebahn gefunden.«

Herr Günter zuckte gleichgültig mit den Flügeln und futterte unbeirrt weiter.

»Wollen Sie denn gar nichts mehr mit uns zu tun

haben?«, fragte Monika. Ein Tränchen glitzerte in ihrem Augenwinkel.

Herr Günter bemerkte das nicht und behauptete: »Harry versteht mich einfach viel besser.«

»Aber wir haben Sie schon einmal vor dem Fuchs gerettet!«, erinnerte ihn der kleine Regenwurm jetzt.

Herr Günter schüttelte sich und bekam schon wieder eine Gänsehaut. An die Sache mit dem Fuchs wollte er nicht denken. Nun zählten Schorsch und Monika abwechselnd alle Abenteuer auf, die sie schon gemeinsam erlebt hatten.

»Wir sind zu dritt über den Gänseteich geschippert!«

»Wir haben uns gegen den Bombardierkäfer gewehrt!«

»Wir konnten unseren schönen Garten vom Müll befreien!«

»Wir haben zusammen Geburtstag gefeiert!«

»Sind wir Ihnen denn nicht mehr gut genug?«, fragte Monika zum Schluss anklagend.

Herr Günter schüttelte unwillig den Kopf und kniff verärgert den Schnabel zusammen. Natürlich wusste er, dass Monika und Schorsch recht hatten. Aber er wollte die Vorwürfe nun einmal einfach nicht hören.

Auch den Hamster störte das Streitgespräch. »So viel Gemecker«, beschwerte er sich. »Ich will meine Ruhe haben. Wenn das so weitergeht, verstopfe ich mir die Ohren.«

»Du hast die besten Ideen«, lobte Herr Günter ihn. Mit dem Schnabel zupfte er etwas Moos vom Wegrand ab und ließ es sich von Harry in seine winzigen Ohrlöcher stecken. Die grünen Stöpsel passten genau hinein.

»Ah!«, sagte Herr Günter. »Was für eine herrliche Ruhe!«

»So ein Mist aber auch!«, rief Schorsch, so laut er konnte.

Herr Günter sah, wie der Mund des Regenwurms auf- und zuging. Doch er hörte ihn nicht schimpfen. Monikas winziger Schneckenmund bewegte sich ebenfalls.

»Jetzt bin ich wirklich sehr traurig!«, sagte sie.

Aber auch das konnte der Gänserich nicht hören. »Wie angenehm«, stellte er fest.

Er drehte seinen alten Freunden den Bürzel zu und dachte nur noch an die duftenden Kräuter am Feldrand. Mit seinem Schnabel zupfte er eins nach dem anderen ab und schmatzte. »Köstlich! Einfach köstlich!«

Herr Günter genoss die Stille. Er guckte nicht nach links oder rechts und futterte immer weiter. Die Moosstöpsel in seinen Ohren ließen kein einziges Geräusch hindurch. Nicht einmal sein eigenes Schmatzen hörte er noch. Und deshalb merkte er auch nicht, dass sich vom Feldrand ein bedrohliches Dröhnen näherte.

»Was ist das?«, wunderte Monika sich. In der Ferne stieg eine dicke Staubwolke auf. Der Lärm wurde immer lauter. Und dann sah sie es: Ein riesiges Ungeheuer arbeitete sich durch das Feld!

»Das Grasmonster kommt!«, rief sie erschrocken.

Schorsch richtete sich auf und streckte sich ganz lang. Er versuchte, etwas zu erkennen. »Was ist denn da los?«

»Der Mähdrescher erntet das Getreide!«, rief Harry. »Ich muss meine Vorräte retten!« Er stopfte sich Körner in die Backentaschen und hastete damit in seine unterirdische Vorratskammer. Dann kam er zurück, holte neue Körner und verschwand wieder.

Herr Günter war der Einzige, der von alldem nichts mitbekam. Zufrieden watschelte er am Feldrand entlang und zupfte eine Kamillenblüte nach der anderen ab. Zwischen den Getreidehalmen fand er eine Mohnblume und kostete sie ebenfalls. »Lecker«, murmelte er.

Währenddessen kamen die scharfen Schneidemesser des Mähdreschers näher und näher.

Der Gänserich war in allerhöchster Gefahr!

»Wir müssen unseren Freund retten!« Monika und Schorsch waren verzweifelt. So laut sie konnten und mit ganzer Kraft schrien sie: »Achtung! Herr Günter! Achtung! Herr Güüüünter!«

Aber vergeblich. Verzweifelt bat die kleine Schnecke den Hamster, Herrn Günter anzustupsen, damit er auf die drohende Gefahr aufmerksam wurde.

»Tut mir leid, keine Zeit, keine Zeit«, behauptete Harry. Er stopfte sich ein letztes Mal Körner in seine Hamsterbacken. Dann ließ er sich mit einem Hechtsprung in seinen Bau hinabplumpsen und rettete sich selbst. Unten horchte er mit klopfendem Herzen auf den näher kommenden Lärm.

Noch immer schmatzte Herr Günter seelenruhig vor sich hin. Und weil er Monika und Schorsch dabei beleidigt den Rücken zudrehte, konnte er nicht sehen, wie die Schnecke mit ihren Fühlern winkte und der Regenwurm sein Schwanzspitzenzipfelchen schwenkte, während der Mähdrescher sich unaufhaltsam durch das Getreide fraß. Oben flogen die Körner in den Tank, auf dem Feld blieben Stroh und Stoppeln zurück.

In ihrer Verzweiflung wollte Monika zwischen den Maschen des Drahtzauns hindurchkriechen. Sie strengte sich so sehr an, doch sie kam nicht schnell genug vorwärts.

Auch Schorsch versuchte, Herrn Günter zu erreichen. Er kroch, so flink er konnte. Strecken, zusammenziehen, strecken, zusammenziehen.

Aber den Wettlauf mit einem Mähdrescher konnten weder eine langsame Schnirkelschnecke noch ein starker Regenwurm gewinnen.

»Wir schaffen es nicht«, schluchzte Monika. Da fiel ihr Blick auf die Windmaschine.

»Schorsch!«, rief sie. »Schnell! Wir brauchen deine Erfindung.«

»Aber wozu?«, fragte er. »Die funktioniert überhaupt nicht. Die schießt bloß Äste durch die Gegend.«

So arbeitet ein Mähdrescher: Vorn am Mähdrescher ist ein breiter Zylinder, der sich dreht und das Getreide greift. Mit dem Schneidwerk wird es abgeschnitten und in die Maschine hineingezogen. Im Inneren des Mähdreschers drücken Walzen auf das Getreide und dreschen die Körner heraus. Der Abfall, der übrig bleibt, nennt sich »Spreu«. Die wird zusammen mit den klein gehäckselten Halmen hinten aus dem Mähdrescher herausgepustet. Die Körner werden im Korntank gesammelt.

»Genau!« Monika war ganz aufgeregt. »Wir müssen gut zielen, damit wir Herrn Günter treffen.«

Da begriff Schorsch. Monika schob die Windmaschine in Herrn Günters Richtung und der Regenwurm drehte an der Kurbel. Es knirschte und ruckte. Irgendetwas klemmte, die Maschine kam nicht in Schwung.

»Los, Monika«, bat Schorsch, »wir brauchen deinen glitschigen Schleim.«

Die kleine Schnecke wollte Schnirkelschneckenschleim sabbern, aber ihr Mund war ganz trocken. Sie musste sich sehr viel Mühe geben und ordentlich drücken, bis sie endlich ein kleines Tröpfchen hervorbrachte. Es kleckerte auf das Getriebe, und endlich lief die Maschine wie geschmiert. Der Propeller drehte sich! Schorsch kurbelte, so schnell er konnte. Da! Die Windmaschine ruckelte und ein Zweig löste sich. Er flog über den Zaun und traf Herrn Günter am Bürzel.

»Getroffen!«, jubelte Monika.

Mit einem Krachen fiel Schorschs Windmaschinen-Konstruktion auseinander und begrub ihn unter sich.

Verärgert blickte sich der Gänserich um … und flatterte erschrocken in die Höhe. Um ein Haar hätte ihm der Mähdrescher nämlich die Schwanzfedern abrasiert! Aufgeregt schnatternd brachte sich Herr Günter hinter dem Gartenzaun in Sicherheit.

Der Mähdrescher dröhnte weiter und entfernte sich langsam.

Vor Schreck hatte der Gänserich einen ganz blassen Schnabel bekommen. Er riss sich die Moosstöpsel aus den Ohren und starrte entsetzt auf das Feld. Dort, wo er gerade eben zwischen den wogenden Ähren gestanden hatte, waren nur noch ein paar Getreidestoppeln zu sehen.

»Beinahe wäre es aus mit mir gewesen«, flüsterte er.

Plötzlich rührte sich etwas zwischen den Stoppeln. Harry buddelte sich aus seinem Gang heraus und guckte sich um. »Alles Getreide ist weg«, jammerte er. »Hoffentlich reichen meine Vorräte. Sonst muss ich wohl umziehen, hier ist nichts mehr zu holen.« Und damit verschwand er wieder. Er hatte sich nicht einmal erkundigt, ob es dem Gänserich gut ging. Der sah seinem untreuen Freund hinterher und ließ den Schnabel sinken.

Dann drehte er sich um. »Bitte verzeiht mir«, sagte er verlegen. »Ihr habt mich gerettet. Was für ein Glück, dass ich so gute Freunde wie euch habe.«

Monika lächelte ihn an: »Auf uns können Sie sich immer verlassen. Nicht wahr, Schorsch?«

Aber wo war Schorsch denn eigentlich?

Aus dem Trümmerhaufen, der von der Windmaschine übrig geblieben war, drang ein dumpfes Schimpfen. »So ein Mist aber auch!«

»Wir befreien dich!«, rief Herr Günter. Mit seinem Schnabel räumte er einen Zweig nach dem anderen weg, bis der Regenwurm wieder zum Vorschein kam. Der Gänserich setzte ihm seine Kappe auf, die er verloren hatte.

»Geht es dir gut, Schorsch?«, fragte er besorgt.

»Vielleicht«, sagte Schorsch und betrachtete betrübt sein hinteres Ende. Er hatte so schnell gekurbelt, dass sich sein Regenwurmschwanzspitzenzipfelchen zu einem Korkenzieher verdreht hatte. »Vielleicht aber auch nicht.«

»Armer Schorsch«, sagte Monika und streichelte ihn mit ihren Fühlern. Herr Günter glättete behutsam das gedrehte Regenwurmende und schiente es mit einem Stöckchen und einem Grashalm.

»Geht es dir jetzt besser?«, wollte er wissen.

»Ein bisschen«, krächzte Schorsch und hustete. Er hatte so laut gerufen, um Herrn Günter zu warnen, dass seine Kehle ganz trocken war.

Auch Monika klagte: »Ich musste die Maschine mit meinem allerletzten Schneckenschleim schmieren! Nun habe ich schrecklichen Durst.«

Zum Glück wusste Herr Günter eine Lösung. »Ihr müsst schnell saftige Blätter essen!«, rief er und holte Salat herbei.

Monika wollte hineinbeißen, da entdeckte sie eine Kerbe in dem Blatt. »Aber das gehört Ihnen«, sagte sie unsicher.

»Was mir gehört, gehört auch meinen besten Freunden«, erklärte Herr Günter feierlich und teilte das Blatt in drei gleich große Teile.

Mit Appetit biss jeder von ihnen in sein Stück.

»Wie erfrischend«, freute sich Monika.

Und Schorsch fand: »Herrlich saftig!«

»Ich habe noch nie so ein köstliches Blatt gegessen«, stellte auch Herr Günter erstaunt fest. Es schmeckte besser als alles, was er in seinem Leben bisher verputzt hatte. Und das war wirklich sehr viel.

Nachdenklich kratzte er sich am Bürzel. »Ich finde«, sagte er verlegen, »das geteilte Salatblatt schmeckt viel besser als die ganzen gehamsterten Blätter, die ich vorhin allein gefressen habe.«

Monika nickte. »Ich weiß auch, warum: Gute Freunde sind wichtiger als das größte Stück von Salatblattkuchen.«

»Ist doch klar wie Tümpelbrühe«, sagte Schorsch, und alle drei bissen gleichzeitig in das nächste Blatt.

3.

Herbst

Wer ist der Dieb?

Der Herbstwind zerrte an den goldgelben Blättern des Kirschbaums. Er ließ die Vogelbeeren in den Zweigen schaukeln und weckte den Zitronenfalter Zipfel. Gähnend kroch er unter einem Blatt hervor. Dort hatte er sich vor der Sommerhitze versteckt. »Endlich wird es kühler!« Fröhlich tanzte er über die Wiese.

Dort stand Herr Günter. Er war gerade im Garten gelandet und freute sich auf den Tag mit seinen Freunden. Sie hatten nämlich etwas Besonderes geplant. »Ich bin da!«, rief er. »Wo seid ihr denn?«

Unter der Brombeerhecke raschelte es. Die kleine Schnecke Monika Häuschen streckte ihre Fühler aus dem Schneckenhaus und gähnte.

Nun rührte sich auch etwas im Gemüsebeet. Schorsch schob zuerst seine grüne Kappe und dann sich selbst aus dem Wohngang.

In den Blättern unserer Pflanzen und Bäume sind verschiedene Farbstoffe. Der grüne Farbstoff, das Chlorophyll, ist am wichtigsten und kommt am häufigsten vor. Deshalb sehen die Blätter im Frühling und Sommer grün aus. Im Herbst wird das Blattgrün abgebaut und in den Stamm und die Wurzeln transportiert. Nun können wir auch die anderen Farbstoffe in den Blättern sehen: rote, gelbe und orangefarbene.

Ausnahmsweise hatte er gute Laune. »Wer hat Lust auf ein Murmelspiel?«, fragte er. Dabei reckte er sein Regenwurmschwanzspitzenzipfelchen in die Höhe und rief selbst am lautesten: »Ich!«

»Ich auch!« Die kleine Schnecke strahlte. »Wie gut, dass wir gestern Abend alles dafür vorbereitet haben!«

Schorsch hatte Murmellöcher gebohrt, Monika die Haselnüsse an die richtige Position geschoben und Herr Günter hatte einen herrlich matschigen Apfel für die Spielpause bereitgelegt.

»Es ist alles fertig«, sagte der Gänserich und leckte sich den Schnabel. »Wir können sofort essen. Ich meine spielen.«

»Auf zum Haselnussbusch!«, rief Schorsch. Gemeinsam mit Monika kroch er los.

Als sie den Murmelplatz erreichten, war Herr Günter längst da. Verwirrt guckte er auf den Boden. »Seltsam. Ich bin sicher, dass ich unseren köstlichen Apfel genau hier abgelegt habe.« Er zeichnete mit seinem Schnabel ein Kreuzchen auf die Erde.

Auch Monika wunderte sich. »Und ich weiß, dass ich unsere Haselnussmurmeln ganz bestimmt hierhin geschoben habe.«

Gemeinsam beäugten sie den Boden. Wo waren die Nüsse? Und wo war der Apfel? Sie fanden nur noch die Löcher, die Schorsch gebohrt hatte. Schon verwandelte sich dessen gute Laune in schlechte. »Das ist ungerecht!«, schimpfte der Regenwurm.

Er suchte unter dem Strauch, daneben und dahinter. Keine Spur vom Apfel und den Nüssen!

Herr Günter flatterte in die Höhe und spähte über den Gartenzaun. Auf der Gänseteichwiese stand das Reh Resi, zusammen mit seiner Mutter und der kleinen Schwester Aurora und graste. »Habt ihr unsere Nüsse gesehen?«, rief Herr Günter ihnen zu.

»Nein, tut mir leid!«, antwortete Resi. »Aber wenn wir sie finden, sagen wir Bescheid.«

Monika, die sich aufmerksam im Garten umsah, bemerkte schließlich, dass noch mehr fehlte. Die Wiese sah irgendwie anders aus.

»Wo sind unsere hübschen Blümchen hin?«, fragte sie erschrocken. Sie legte den Kopf in den Nacken und betrachtete die Zweige über ihr genauer. »Die schönen bunten Blätter fehlen auch!«

Herr Günter konnte sie beruhigen. »Die Blumen sind nur verwelkt. Und die Blätter hat der Wind gepflückt.«

Tatsächlich! Das Laub war von den Bäumen gefallen. Ein Windstoß hatte es in der Gartenecke zu einem Haufen zusammengefegt. Monika vermutete: »Dann hat der Wind bestimmt auch unsere Nüsse und den Apfel davongerollt!«

Bäume nehmen über die Wurzeln Wasser auf. Im Winter, wenn der Boden gefroren ist, geht das kaum noch. Weil die Bäume über ihre Blätter einen Großteil des lebenswichtigen Wassers verdunsten, also verlieren, werfen sie diese im Herbst ab, um nicht zu vertrocknen. Außerdem würden die grünen, wasserhaltigen Blätter im Winter auch erfrieren. Ein großer alter Baum wirft so im Herbst bis zu 30 Kilogramm Laub ab.

»Und womit sollen wir nun spielen?«, fragte Schorsch enttäuscht.

»Wir suchen uns einfach neue Murmelnüsse.« Herr Günter pflückte bereits ein paar vom Haselnussstrauch und legte sie auf das Murmelfeld. »Nun brauchen wir nur noch einen anderen Apfel.«

Gemeinsam machten sie sich auf die Suche. Leider fanden sie unter den Obstbäumen keine Früchte. Das Einzige, was sie aufsammeln konnten, waren noch mehr Nüsse. Herr Günter wollte sie zu den anderen legen, aber die waren genau wie die ersten Murmelnüsse verschwunden.

»Wie kann denn das sein?«, wunderte er sich.

»So ein Mist aber auch!«, schimpfte Schorsch, der endlich mit dem Murmelspiel beginnen wollte.

»Ist hier etwa ein Dieb?«, fragte Herr Günter.

»Vielleicht ist das gefährlich!« Monika drehte sich um. »Vielleicht sollten wir heute lieber nicht spielen. Und auch nichts essen.«

»Kommt nicht infrage!« Regenwurm und Gänserich waren sich einig. »Das lassen wir uns nicht gefallen!«

Die kleine Schnecke zog ängstlich ihre Fühler ein. Der Gedanke, dass im Garten ein Dieb war, gefiel ihr gar nicht. »Vielleicht war es ja bloß wieder der Wind«, hoffte sie. Schorsch hatte eine gute Idee: »Dann machen wir jetzt einen Räubertest!«, schlug er vor. »Dazu brauch ich bloß ein bisschen Schneckenschleim.«

Monika sabberte einen dicken Klecks auf den Boden. Darauf klebte Schorsch eine Nuss. Herr Günter holte tief Luft und pustete dagegen. Die Nuss rührte sich nicht vom Fleck. »Der Wind kann sie jedenfalls nicht mehr wegrollen«, sagte der Gänserich zufrieden.

»Jetzt müssen wir uns verstecken«, erklärte Schorsch.

Sie verbargen sich hinter dem Busch. »Und nun?«, fragte Monika.

Nun mussten sie warten und ganz still sein.

Das war gar nicht so einfach. Zuerst knurrte Herrn Günters Magen. Dann krabbelte ein kleiner Käfer auf

Monikas Saugfuß. Beinahe hätte sie »Hihihi, das kitzelt!« gerufen. Schnell legte sie die Fühler auf ihren Mund, um sich nicht zu verraten.

Plötzlich raschelte etwas, jemand tippelte ganz in der Nähe herum, dann war es wieder ruhig.

»Ich glaube, jetzt können wir nachgucken«, sagte Schorsch. Sie lugten hinter dem Haselnussbusch vor. Die Nuss war verschwunden! Dort, wo sie gelegen hatte, glänzte nur noch Monikas Schneckenschleimklecks in der Herbstsonne.

»Das ist der Beweis«, sagte der kluge Gänserich zufrieden. »In unserem Garten ist ein Räuber.«

Sofort machte Monika sich wieder Sorgen. »Wer weiß, was der noch alles stehlen will. Vielleicht mein Schneckenhäuschen?« Sie hielt es mit ihren Fühlern fest. »Ohne mein Häuschen kann ich nicht leben.«

»Keine Sorge«, beruhigte Herr Günter sie. »Das lassen wir nicht zu.«

»Genau«, sagte Schorsch. »Wir stellen dem Dieb nämlich eine Falle!«

»Und was machen wir mit dem Dieb, wenn wir ihn gefangen haben?«, wollte Monika wissen.

»Den stecken wir ins Gefängnis«, behauptete Schorsch.

Nun war Monika beruhigt. Bis Herr Günter sagte: »Hier gibt es gar kein Gefängnis.«

Schorsch stöhnte. An diesem Morgen gab es wirklich nur Probleme.

Zum Glück wusste der kluge Gänserich einen Ausweg. »Ich denke, es genügt, wenn wir ordentlich mit dem Dieb schimpfen.«

»Das ist eine prima Idee«, sagte Schorsch.

»Du solltest das übernehmen«, schlug Monika vor. »Weil du am besten schimpfen kannst.«

»Und dann verlangen wir unseren Apfel und alle Nüsse zurück«, sagte Herr Günter.

Das war ein sehr guter Plan, fanden die drei Freunde. Nun mussten sie den Räuber nur noch fangen. Wenn sie bloß gewusst hätten, wo er sich versteckte!

»Wir locken den Dieb mit Nüssen an«, schlug Herr Günter vor. Er pflückte die allerletzten Haselnüsse vom Strauch und legte damit eine lange Spur am Rand der Wiese aus. Und dann versteckten sie sich wieder.

Herr Günter stellte sich hinter die Regentonne. Nur sein stattlicher Bauch guckte hervor. Monika kroch auf einen hohen Ast. Von dort hatte sie den besten Blick auf die Nüsschen.

Die wichtigste Aufgabe aber musste Schorsch erfüllen.

Er bohrte am Ende der langen Nussreihe ein Loch in die Wiese und schlüpfte hinein. Sein Versteck verschloss er mit der letzten Haselnuss. Die hielt er gut fest. Die Falle war gestellt.

»Und nun?«, fragte Monika von ihrem Ausguck.

»Nun müssen wir geduldig warten«, sagte Herr Günter.

Eine ganze Weile geschah nichts. Monika blickte aufmerksam hinunter auf die Wiese und zählte die Nüsschen. »Eins, zwei, drei, vier.« Weiter konnte sie leider nicht zählen. »Was kommt bloß für eine Zahl nach der vier?«, grübelte sie. Aber es fiel ihr nicht ein. Deshalb begann sie wieder von vorn und dann noch einmal. »Da liegen drei mal vier Nüsschen in einer Reihe«, murmelte sie. »Ich glaube, es fehlt keins.«

Währenddessen begann Schorsch, sich unter der Erde zu langweilen. Ungeduldig zappelte er herum – so sehr, dass die Nuss, die sein Versteck wie ein Stöpsel verschloss, wackelte. »Kommt hier bald mal ein Dieb?«, brummte er.

Auch Herr Günter trampelte hinter der Regentonne von einer Gänseflosse auf die andere. Sein Magen knurrte immer lauter. »Ich habe mich so auf den matschigen Apfel gefreut«, klagte er leise. Vorsichtig zupfte er ein Löwenzahnblatt ab. Dann noch eins und noch eins. Er guckte auf

die Wiese, dort war alles ruhig. Er sah hinauf zu Monika. Die zählte schon wieder die Nüsschen.

Gerade war sie bei der dritten Runde angekommen und stutzte. »Eins, zwei, drei ... Da fehlt eins!« Eine Nuss war verschwunden! Sie ruderte wild mit den Fühlern und gab Herrn Günter Zeichen.

Der verstand sofort. Er hörte auf zu fressen und starrte gebannt auf den Köder, den sie ausgelegt hatten.

Da! Eine rotbraune Pfote schnellte aus dem Gebüsch hervor und schnappte sich die nächste Nuss.

Herrn Günter wurde ganz schwummerig zumute. War das etwa ein Fuchs? Sein Schnabel klapperte vor Furcht. Er zog seinen stattlichen Bauch ein und versuchte, sich noch besser hinter die Regentonne zu quetschen.

Der freche Dieb stahl inzwischen eine Nuss nach der anderen. Und noch immer war nicht mehr als eine Pfote von ihm zu sehen. »Wer ist das nur?«, fragte sich Monika, die das Schauspiel von oben ganz genau beobachtete.

Auf der Wiese glänzte jetzt nur noch ein einziges Nüsschen. Und darunter lag Schorsch auf der Lauer. Schon wollte sich die Fellpfote auch die letzte Nuss schnappen … aber die rührte sich nicht vom Fleck. Der Regenwurm hielt sie ja von unten fest. Der Dieb zerrte daran und nahm jetzt seine zweite Pfote zu Hilfe.

»Haha!«, ertönte Schorschs dumpfe Stimme unter der Erde. »Ich bin stärker. Ich bin nämlich ein sehr starker Regenwurm mit ganz vielen Muskeln!«

Nun kam der Dieb endlich aus dem Gebüsch.

»Was für ein Glück!«, stellte Herr Günter erleichtert fest. Er verließ seinen Platz hinter der Regentonne. »Es ist kein Fuchs!«

Auch Monika war sehr froh, als sie den Dieb erkannte. »Es ist nur das Eichhörnchen Heidi!« Sie begann, am Ast hinunterzukriechen.

Heidi stemmte sich inzwischen mit allen vieren und ganzer Kraft gegen die Wiese. Sie wollte unbedingt das letzte Nüsschen kriegen. Plötzlich machte es *Plopp*! Heidi hatte die Nuss herausgezogen. Und an der Nuss hing Schorsch.

»Erwischt!«, rief er triumphierend.

Heidi erschrak. »Huch! Meine Nuss hat einen Wurm!«

Herr Günter eilte herbei. »Wir haben den Dieb geschnappt!«

»Ich hab ihn geschnappt«, verbesserte ihn Schorsch.

Stolz klopfe er sich mit seinem Regenwurmschwanzspitzenzipfelchen an die Brust.

Auch Monika hatte endlich den Boden erreicht und schüttelte vorwurfsvoll den Kopf: »Du hast geklaut, Heidi. Das darf man doch nicht.«

»Genau!«, rief Schorsch. Dann fiel ihm ein, dass er mit dem Räuber schimpfen sollte. »Schäm dich, Heidi. Du bist ein fürchterlicher Mopsedieb! Und ein Nussräuber. Außerdem ein Klauhörnchen, eine Mausepfote und ein Bösewicht!«

So sieht ein Eichhörnchen von innen aus

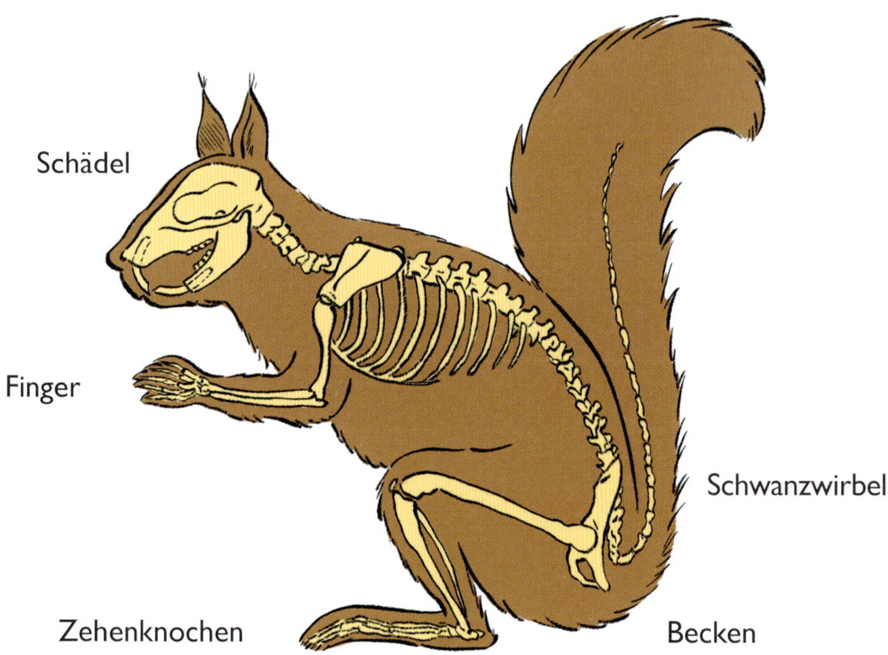

Heidi saß wie versteinert da. Nur ihre Pinselohren zitterten. »Ich bin kein Bösewicht«, sagte sie leise. Gleich würde sie anfangen zu weinen.

Das konnte Monika nicht zulassen. »Hör endlich auf zu schimpfen!« Sie guckte den Regenwurm vorwurfsvoll an.

»Hä?« Schorsch wunderte sich. »Du hast doch gesagt, dass ich mit dem Dieb schimpfen soll.«

»Ja«, sagte Monika. »Aber nicht so doll.«

»Na gut.« Schorsch wusste ohnehin kein weiteres Schimpfwort mehr. »Gib uns einfach unsere Murmeln zurück, Heidi. Wir wollen endlich spielen.«

Erleichtert sprang das Eichhörnchen in die Luft. »Alles klar! Ich mach es auch nie wieder!«, versprach es. Aufgeregt hüpfte es im Garten hin und her und versuchte, sich daran zu erinnern, wo die Nüsschen versteckt lagen. Dabei murmelte es vor sich hin: »Nummer eins ist unter der Brombeerhecke, Nummer zwei – unter dem Apfelbaum, Nummer drei neben der Regentonne, Nummer vier am Gartenzaun, unter der Zaunlatte Nummer siebzehn, und

Nummer achtzehn ist … ähm … ähm …« Heidi kratzte sich ratlos am Kopf.

Herr Günter versuchte, ihr zu helfen: »Du hast dich verzählt. Nach der Nummer vier kommt die Nummer fünf.«

»Aha!«, rief Monika und freute sich. »Nun weiß ich endlich, welche Zahl nach der vier kommt!«

»Jetzt bin ich ganz durcheinander«, sagte Heidi verzweifelt. Vor lauter Aufregung konnte sie sich nicht mehr erinnern. »Ich bin leider ein bisschen vergesslich.« Sie ließ ihren Kopf und ihren Puschelschwanz sinken. Sogar ihre Pinselohren hingen herab.

»Warum hast du unsere Nüsse denn überhaupt versteckt?«, fragte Monika.

»Bestimmt, weil sie heimlich ohne uns Murmeln spielen wollte«, behauptete Schorsch.

Heidi schüttelte den Kopf. »Aber nein«, sagte sie. »Das sollte mein Futtervorrat für den Winter sein!«

Überall im Garten hatte sie etwas für die Zeit versteckt, wenn im Winter keine Nüsse mehr an den Sträuchern und Bäumen hängen würden.

»Ah! Ich weiß es wieder!« Sie flitzte am Kastanienbaum nach oben, segelte durch die Luft, steuerte mit ihrem buschigen Schwanz und landete auf dem Schuppendach. Dort

Eichhörnchen verstecken Nahrung als Wintervorrat nach einem bestimmten Muster, das sie sich merken. Sie können sogar Nüsse erschnuppern, die unter einer dicken Schneedecke vergraben sind. Aber manchmal finden sie im Winter nicht alle versteckten Nüsse wieder. Das ist gut für den Wald, denn auf diese Weise werden gleich neue Bäume und Sträucher ausgesät, die im Frühjahr zu wachsen beginnen.

puhlte sie eine Nuss aus der Dachrinne, flitzte damit nach unten und legte sie auf die Wiese. »Hier ist noch eine!«

»Wozu brauchst du denn einen Wintervorrat?« Monika wunderte sich.

Und Schorsch sagte: »Im Winter muss man nichts essen. Da schläft man doch.«

»Ich nicht«, behauptete Heidi.

»Fliegst du dann nach Afrika wie unser Herr Günter?«, fragte Monika.

Heidi kicherte und Herr Günter sagte: »So ein Unsinn! Ein Eichhörnchen kann doch nicht fliegen.«

»Ich bleibe hier im Garten«, erklärte Heidi. »Und sobald mein Magen knurrt, wache ich auf und brauche unbedingt was zum Knabbern.«

Eichhörnchen wohnen in einem Kobel, einem runden Nest. Das feste Grundgerüst besteht aus Reisig und Ästen. Innen ist es gemütlich mit weichem Moos, Federn und Gräsern gepolstert. Es hat zwei Schlupflöcher, damit sich das Eichhörnchen bei Gefahr schnell retten kann.

Nach und nach fielen ihr alle Verstecke wieder ein und irgendwann lag ein ganzer Nusshaufen auf der Wiese.

»Juchhu!«, rief Schorsch. »Nun können wir mit ganz vielen Murmeln spielen.«

»Machst du mit, Heidi?«, fragte Monika.

»Das geht leider nicht«, sagte das Eichhörnchen. »Ich muss doch jetzt neue Nüsschen suchen.«

»Och«, maulte Schorsch. »Kannst du das nicht später machen?«

Herr Günter warnte seine Freunde: »Ohne Vorräte wird Heidi im Winter verhungern.« Nach diesem schrecklichen Gedanken musste er gleich ein paar große Kleeblätter in seinen Schnabel stopfen.

Monika wurde nachdenklich. »Ich glaube, Heidi braucht die Nüsse dringender als wir. Wir wollen doch bloß damit spielen.«

»Spielen ist aber auch wichtig«, maulte Schorsch.

»Essen ist wichtiger«, fand Herr Günter.

Der kleine Regenwurm seufzte. »Na gut«, sagte er großzügig. »Wir schenken dir unsere Nüsse, Heidi.«

»Wirklich? Vielen Dank!« Sie nahm eins von den Nüsschen in die Pfoten, leckte es an und sagte dabei glücklich: »Meins!« Das machte sie mit jeder einzelnen Nuss. »Meins, meins, meins.«

Als sie fertig war, wedelte Heidi aufgeregt mit ihrem Puschelschwanz. »So viele leckere Nüsschen«, sagte sie glücklich. »Die muss ich alle gut verstecken!«

Eichhörnchen können sich mit ihrem buschigen Schwanz unterhalten. Wedelt der Schwanz, heißt das: Ich bin aufgeregt! Zittert der Schwanz und ist aufgerollt, dann bedeutet das: Vorsicht, ich bin sauer!

»Warte kurz«, bat Herr Günter. »Was ist mit unserem Apfel? Den brauchst du doch nicht, oder?«

Aber Heidi hob ratlos ihre Pfötchen.

»Hast du etwa wieder das Versteck vergessen?«, fragte Schorsch.

Das Eichhörnchen schüttelte den Kopf. »Ich habe euren Apfel nicht gemopst!«, versicherte es. Dann senkte es seine Stimme und flüsterte: »Mein erstes Nüsschen verbuddele ich am Gartenzaun. Aber nicht weitersagen!« Dann flitzte es davon.

Die drei Freunde guckten sich ratlos an. Der Tag war ganz anders verlaufen, als sie geplant hatten. Inzwischen wurde es schon langsam Abend und sie hatten weder gespielt noch ein Picknick gemacht. Und alle drei hatten Hunger.

»Wenn Heidi unseren Apfel nicht genommen hat, wo ist er dann hin?«, fragte Monika.

»Ist doch klar wie Tümpelbrühe«, behauptete Schorsch. »Im Garten ist noch ein zweiter Dieb.«

Allmählich dämmerte es und der erste Tau glitzerte auf der Wiese. Der kleine Regenwurm riss einen Grashalm ab und fing damit einen Tropfen ein. Dieser Wassertropfen vergrößerte alles wie eine Lupe. Schorsch kniff ein Auge zusammen und guckte mit dem anderen durch seine Tautropfenlupe. »Ich bin ein Detektiv!«, behauptete er. »Ich werde diesen kniffligen Fall lösen!«

»Wir helfen dir, den Apfel zu essen«, sagte Herr Günter und verbesserte sich rasch. »Ich meine natürlich, wir helfen, den Apfel zu finden.«

Leider wurde die Suche immer schwieriger. In den Ecken des Gartens war es nämlich schon dunkel und überall raschelte es. Allmählich wurde es den drei Freunden unheimlich. Sie rückten enger zusammen.

»Aua!«, schrie Herr Günter plötzlich. »Jemand hat mich gezwickt!«

»Das war der Apfeldieb!«, rief Monika entsetzt.

Herr Günter hüpfte auf einer Gänseflosse herum und hielt die andere in die Luft.

»Halten Sie mal still«, befahl Schorsch. Er untersuchte Herrn Günters Fuß mit seiner Lupe. »Da ist überhaupt nichts zu sehen!«

»Vielleicht sind Sie bloß auf einen spitzen Stein getreten«, sagte Monika.

Sie guckten nach unten. Zwischen den Herbstblättern lagen stachelige Kastanien. Bei einigen war die Hülle aufgeplatzt und die glänzenden braunen Früchte waren herausgekullert. Herr Günter atmete erleichtert auf.

Da schwebte plötzlich eine weiße Gestalt über die Wiese.

»Rettet mich!«, flüsterte die kleine Schnecke. »Der Apfeldieb kommt.«

»Quark mit Quatschsoße«, sagte Schorsch.

Und Herr Günter erklärte: »Das ist lediglich Nebel.«

Monika war wirklich sehr ängstlich. Schorsch dachte nach. Dann grinste er und zeigte auf eine besonders große stachelige Kastanienhülle. »Wir basteln für Monika eine Ritterrüstung!«

»Eine hervorragende Idee«, lobte ihn Herr Günter. Und auch Monika gefiel das. »Mit einer Ritterrüstung fürchte ich mich bestimmt nicht mehr!«

Mit seinem Schnabel schob Herr Günter die Kastanienhülle auf Monikas Schneckenhäuschen.

Monika drehte sich langsam im Kreis und versuchte, einen Blick auf ihr Häuschen zu erhaschen. »Wie sehe ich aus?«

»Wie ein kleiner grüner Kaktus.« Schorsch kicherte. Er stülpte sich eine Kastanienhülle als Schutzhelm über den Kopf. »Nun kann der Apfeldieb kommen!«

Gut gerüstet suchten sie weiter nach Spuren, während sich die Dunkelheit über den Garten senkte.

»Hier ist was«, sagte Herr Günter auf einmal. Auf dem Boden lag etwas Matschiges.

Monika schnupperte daran. »Es riecht nach unserem Apfel!«, rief sie aufgeregt.

Schorsch beugte sich mit seiner Lupe darüber. »Und es sieht aus wie ein Stück von unserem Apfel.«

Herr Günter fraß den Matsch und stellte fest: »Es schmeckt auch wie ein Stück von unserem Apfel!«

Schorsch untersuchte den Boden mit seiner Lupe. »Ha! Ich hab eine Spur gefunden!«

Einer nach dem anderen guckten sie durch die Tautropfenlupe. Auf dem Boden neben dem Apfelstück lagen welke Blätter. Und darin konnten sie seltsame winzige Löcher erkennen.

Für die Freunde stand fest: Die hatte der Apfeldieb hineingepiekt! Die Spur der durchlöcherten Blätter führte sie zu einem Laubhaufen, unter dem ein Schmatzen, Schnaufen und Rascheln ertönte.

»Was mag das nur für ein schreckliches Tier sein?«, flüsterte Monika. »Vielleicht ein Stachelmonster?«

Schorsch zog seinen Kastanien-Schutzhelm tief ins Gesicht. »Das werden wir gleich rausfinden!«, sagte er grimmig.

»Komm heraus, du Apfeldieb!«, rief Herr Günter und schob mit seinem Schnabel die Blätter beiseite. »Au!«, jammerte er gleich darauf. »Jetzt hat mich doch schon wieder etwas gestochen!«

Unter dem Laubhaufen lag eine Stachelkugel.

Monika staunte. »Das ist aber eine große Kastanie!«

»Keineswegs«, erklärte Herr Günter und rieb sich den Schnabel. »Das hier ist Igel Bürste.«

Als Bürste seinen Namen hörte, rollte er sich auf. Sein Gesicht war mit Apfelmus beschmiert und von seiner Nase

tropfte Apfelsaft. Neben ihm lag ein Apfelrest.

Schorsch war empört: »Du hast unseren Apfel geklaut!«

Bürste blinzelte verlegen und schluckte laut. »Hallo, ihr kleinen grünen Igel«, sagte er. »Ich wusste nicht, dass es euer Apfel ist.«

Igelbabys kommen schon mit Stacheln zur Welt, die am Anfang aber noch weiß und weich sind. Nach ein paar Tagen fallen sie aus. Es wachsen dunkle, spitze Stacheln, die kürzer sind als die Stacheln von einem erwachsenen Igel. Jeder Igelstachel hat einen eigenen Muskel, mit dem er aufgerichtet werden kann. Bei Gefahr und zum Winterschlaf rollen sich Igel zu einer Stachelkugel zusammen, in der Kopf und Beine verschwinden.

Monika kicherte. »Der Igel hält uns für Igel!«, flüsterte sie Herrn Günter zu.

»Zum Glück«, sagte der Gänserich. Denn er wusste, dass Monika und Schorsch sonst in großer Gefahr gewesen wären.

»Man darf nicht stehlen«, sagte Monika vorwurfsvoll.

»Tut mir leid.« Der Igel biss schnell noch ein Stück von dem Apfel ab und schob ihnen das Gehäuse hin. »Ihr könnt den Rest haben.«

»Du bist ja noch verfressener als Herr Günter!«, meckerte Schorsch.

Herr Günter wehrte sich. »Ich bin nicht verfressen.«

Der Igel nickte eifrig. »Ich bin auch nicht verfressen. Aber ohne einen ordentlichen Kugelbauch verhungere ich im Winterschlaf.«

Monika wurde sehr nachdenklich. »Ich glaube, Bürste braucht den Apfel dringender als wir.«

»Das stimmt leider«, musste Herr Günter zugeben. Er strich sich über den stattlichen Bauch. »Ich verzichte auf meinen Nachtisch.« Dabei seufzte er wehmütig.

»Na, von mir aus«, sagte auch Schorsch. »Du kannst den Apfel behalten, Bürste.«

»Danke schön!« Der Igel strahlte übers ganze Gesicht. »Wenn ihr wüsstet, wie lecker der schmeckt!« Genüsslich futterte er den Rest auf. Dann kroch er zurück unter den Laubhaufen und rülpste laut.

In der Zwischenzeit war es dunkel geworden und die Nacht brach an.

»Wie schade. Nun ist der Tag schon um«, sagte Monika traurig.

»Wir haben heute überhaupt nichts gespielt!« Schorsch ärgerte sich schon wieder. »Das war ein doofer Tag!«

Herr Günter stimmte ihm betrübt zu.

»Und ich habe gar keinen Nachtisch bekommen.«

Monika wollte nicht, dass ihre Freunde traurig

Wenn es im Herbst kälter als 15 Grad wird, suchen sich Igel ein Versteck und fallen in den Winterschlaf. Ihre Körpertemperatur wird niedriger und ihr Herz schlägt langsamer. So sparen sie Energie. Außerdem zehren sie im Winter von dem Speckpolster, das sie sich im Herbst angefuttert haben.

waren. »Wir könnten doch ein Nachtpicknick machen«, schlug sie vor.

Herr Günter war ganz begeistert. »Das ist eine gute Idee! Man kann auch im Dunkeln essen!«

Also futterten sie Löwenzahn, bis alle satt waren, und dann sagte Schorsch: »Wenn wir im Dunkeln essen können, dann können wir doch auch im Dunkeln spielen!«

Aber da gab es ein Problem: Sie hatten keine Nüsse. Und selbst wenn sie welche gehabt hätten, hätten sie ohne Licht die Murmellöcher nicht gefunden.

Enttäuscht setzte Schorsch seinen Helm ab. In diesem Moment blies der Herbstwind die Wolken weiter, sodass der Mond hervorkam und ihre drei Schatten auf den Kiesweg warf.

»Ha«, rief Schorsch. »Wir machen ein Schattenspiel!«

Er formte seinen Körper zu einem Rad. Ein eierförmiger Schatten fiel auf den Weg. »Na?«, fragte der Regenwurm. »Was ist das?«

»Ich weiß es«, behauptete Herr Günter. »Das bin ich! Als Baby im Gänseei!«

»Kannst du auch ein Schneckenhaus formen?«, bat Monika. Das war für Schorsch eine Kleinigkeit. Als Nächstes ließ er einen Schatten entstehen, der wie eine Wolke aussah, danach ein Blatt, eine Brezel und zum Schluss ein Herz. Sein Körper konnte sich in jede Richtung

verbiegen. So etwas schaffte nur ein langer, dünner Regenwurm.

»Wie gut, dass ein Regenwurm keine Arme hat«, rief Schorsch fröhlich.

»Und keine Beine«, sagte Monika.

»Und auch keine Nase«, erinnerte ihn Herr Günter.

Schorsch kicherte, und sein Schatten auf dem Kiesweg wackelte. Nun mussten sie alle lachen.

»Pst!«, ertönte eine Stimme aus dem Laubhaufen in der Gartenecke. »Ich möchte schlafen!«

»Ich bin auch müde«, flüsterte Monika und schubste die Stachelhülle von ihrem Häuschen.

Die drei Freunde kuschelten sich aneinander.

»Ärgerst du dich immer noch, dass wir nicht mit den Haselnussmurmeln spielen konnten?«, fragte Monika den Regenwurm.

»Nö«, sagte Schorsch. »Das Schattenraten war viel lustiger.«

»Und sind Sie enttäuscht, weil wir unseren Nachtisch opfern mussten?«, erkundigte sich Monika beim Gänserich.

»Aber nein«, versicherte Herr Günter. »So ein Nachtpicknick ist doch viel aufregender.«

»Und du, Monika?«, fragte Schorsch. »Bist du traurig?«

Die kleine Schnecke horchte in sich hinein. Nein, sie war kein bisschen traurig. Im Gegenteil. Sie fühlte sich glücklich, weil sie Eichhörnchen Heidi und Igel Bürste geholfen hatten.

»Du hast dir den Tag auch ganz anders vorgestellt«, sagte Herr Günter mitfühlend.

»Das stimmt!« Monika lächelte. »Ich habe mir den Tag nicht so schön vorgestellt, wie er geworden ist.«

4.
Winter
Auf und davon!

»Riecht ihr das?« Monika schnupperte in die Morgenluft.

»Also ich war das nicht!«, versicherte Schorsch.

Herr Günter hob erst die eine Gänseflosse, dann die andere und schnüffelte daran. Er konnte keinen besonderen Geruch feststellen. »Was meinst du denn, Monika?«

Die Fühler der kleinen Schnecke zitterten. »Ich rieche Kälte«, flüsterte sie. »In diesem Jahr wird es einen sehr kalten und langen Winter geben!«

Alle drei blickten besorgt zum grauen Himmel hinauf. Die Sonne versteckte sich hinter dicken Wolken.

»Vielen Dank für die Warnung«, sagte Herr Günter und stopfte sich Löwenzahnblätter in den Schnabel. »Da werde ich heute ausnahmsweise mal eine besonders große Portion essen!«

»Ausnahmsweise?« Schorsch kicherte. »Sie fressen doch immer eine besonders große Portion.«

Aber diesmal hatte Herr Günter einen guten Grund. »Ich muss mich für die kalte Jahreszeit rüsten«, erklärte er. »Und du solltest dich auch auf den Winter vorbereiten, Schorsch!«

»Mach ich doch schon die ganze Zeit«, behauptete der Regenwurm. Er kratzte sich mit dem Regenwurmschwanzspitzenzipfelchen am Kopf und dachte angestrengt nach.

So verbringen die Tiere den Winter

	Winterschlaf	Winterruhe	Winterstarre	winteraktiv
Tiere	Igel, Siebenschläfer, Fledermaus	Eichhörnchen, Dachs, Braunbär	Erdkröte, Eidechse, Insekten	Reh, Meise, Fuchs
Wie verändert sich die Körpertemperatur?	wird kühler	bleibt normal	wird so kalt wie die Umgebung	bleibt normal
Wie oft wird gefuttert?	gar nicht	ab und zu	gar nicht	regelmäßig
Wacht das Tier im Winter auf?	Nein, es schläft tief und fest bis zum Frühling.	Ja, ab und zu.	Nein, das ist unmöglich, das Tier ist wie erstarrt.	täglich

Wenn es draußen kalt und ungemütlich wurde, flog Herr Günter in den Süden und Monika schlief in ihrem Häuschen. Schorsch musste dann sehr lange und ganz allein in seinem Wohngang hocken. Wie konnte er sich bloß die doofe Langeweile vertreiben?

Monika putzte inzwischen eifrig ihr Häuschen. »Ich möchte nicht schmutzig in den Winterschlaf gehen«, erklärte sie und schnaufte.

Es war sehr anstrengend, die Ritzen ihres gedrehten Schneckenhäuschens zu schrubben.

»Wie weit seid ihr mit den Vorbereitungen?«, erkundigte sie sich nach einer Weile bei ihren Freunden.

»Fast fertig!«, riefen Schorsch und Herr Günter gleichzeitig.

Stolz zeigten sie einander ihre Fortschritte. Der Gänserich streckte seinen Bauch heraus.

Schorsch schaute Herrn Günter an und staunte. »Sie sind aber dick geworden!«

»Stattlich!«, verbesserte ihn Herr Günter. »Ich bin lediglich stattlich!« Er klopfte sich auf den Bauch. »Das ist der Proviant für meine weite und sehr bildende Reise ins ferne Afrika.«

»Und wie sieht es bei dir aus, Schorsch?«, erkundigte sich Monika.

Der Regenwurm zeigte ihr ein Kieselsteinchen. »Damit

kann ich ein Balancierspiel machen, wenn mir langweilig ist«, erklärte er.

Auch Monika war mit ihren Vorbereitungen fertig. Das gelb-braun gebänderte Schneckenhäuschen blitzte vor Sauberkeit. »Sieht das nicht hübsch aus?«, fragte sie.

In diesem Moment klatschte von oben ein dicker stinkender Klecks herab.

»Iiiih!«, rief Monika. »Jemand hat auf mein Häuschen gemacht!«

»So ein Mist aber auch!«, schimpfte Schorsch.

Herr Günter suchte den Übeltäter. »Da!« Er zeigte nach oben. Auf einem Ast über ihnen saß ein kleiner Piepmatz. Er hatte einen gelben Bauch und ein blaues Käppchen.

»Vogelalarm!«, schrie Schorsch und warf sich flach in den Dreck.

Der Vogel staunte. Mit großen Knopfaugen beobachtete er den Wurm.

»Hilfe!«, rief Monika. Sie wollte auf keinen Fall in ihr schmutziges, stinkendes Häuschen kriechen. Aber draußen bleiben wollte sie bei Vogelalarm auch nicht.

»Keine Sorge«, beruhigte Herr Günter sie. »Dieser Vogel ist nur eine Meise.«

»Jawohl«, sagte Schorsch. »Der Vogel hat eine Meise.«

»Nein, nein«, widersprach Herr Günter. »Das ist eine Blaumeise. Sie frisst am liebsten Körner.«

Das war eine gute Nachricht. Schließlich gab es auch Vögel, die großen Appetit auf Regenwürmer und Schnecken hatten.

»Ich liebe Sonnenblumenkerne«, zwitscherte die Blaumeise fröhlich. »Und ich heiße Mareike.«

Zuerst war Monika erleichtert. Aber dann fiel ihr der Vogelklecks wieder ein. Der lief inzwischen an ihrem Häuschen herunter und miefte. »Du hast alles schmutzig gemacht!«, beschwerte sie sich. »Dabei hatte ich gerade geputzt.«

»Oje!«, sagte Mareike. »Bitte entschuldige.« Verlegen steckte sie ihren Kopf unter den Flügel. Sie wartete einen Moment, dann lugte sie wieder hervor. Noch immer sah Monika sie vorwurfsvoll an. Kleinlaut erklärte Mareike: »Ich musste dringend und hab nicht geguckt, ob jemand unter mir sitzt.« Sie versprach: »Ich bringe alles wieder in Ordnung.«

Die kleine Blaumeise flog von ihrem Ast herunter und zupfte ein Büschel Moos ab. Damit flatterte sie zur Regentonne und tauchte es ins Wasser. Mit dem nassen Moosschwamm schrubbte sie Monikas Häuschen. Bald glänzte es wieder.

»Vielen Dank!« Monika freute sich. Sie pflückte eine Aster und rieb ihr Schneckenhaus damit ein. Nun roch es auch wieder gut.

»Brauchst du die Blüte noch?«, fragte Herr Günter und fraß das Blümchen. Es schmeckte ein bisschen nach Vogelklecks.

Die Blaumeise hüpfte im Gras herum. Niemand hatte Zeit für sie, denn alle waren mit den Vorbereitungen für den Winter beschäftigt. Verwundert beobachtete sie, dass Schorsch sich einen Kieselstein auf den Kopf legte.

»Was machst du denn da?«, wollte Mareike wissen.

»Ich habe mir ein Spiel gegen die Langeweile im Winter ausgedacht«, erklärte Schorsch.

Das interessierte die Blaumeise sehr. Ihr würde im Winter bestimmt auch langweilig sein.

Der Regenwurm versuchte, den Kieselstein auf seinem Kopf zu balancieren. Das war gar nicht so einfach. Angestrengt schielte er nach oben. Weil das lustig aussah, kicherte Mareike. Nun musste auch Schorsch lachen. Sein Kopf wackelte, der Kiesel fiel herunter und traf sein Regenwurmschwanzspitzenzipfelchen. »Aua!«, jammerte er. »Das ist ein doofes Spiel.«

Monika pustete auf die Stelle. Herr Günter legte ein

Salbeiblatt drauf. Gleich ging es Schorsch besser. Aber was sollte er nun im Winter spielen?

»Vielleicht ist der Stein nur zu schwer für dein Balancierspiel«, sagte Mareike. Sie zupfte sich eine kleine Flaumfeder aus und schenkte sie dem Regenwurm. »Versuch es doch mal damit.«

Die weiße Feder fühlte sich weich an und war ganz leicht. Schorsch legte sie auf seinen Kopf und blies von unten dagegen. Sie begann zu schweben und tanzte über seinem Gesicht.

Mareike flatterte vor Begeisterung mit ihren blauen Flügeln. »Was für ein lustiges Pustespiel!«

»Juchhu«, jubelte Schorsch und vergaß zu pusten. Die Feder sank nach unten.

»Pass auf, dass sie nicht runterfällt!«, rief Monika.

Schorsch warf sich auf den Boden und blies kräftig. Die Feder stieg wieder höher.

»Darf ich bitte auch mal?«, bettelte Monika.

Und Mareike zwitscherte: »Ich auch! Ich auch!«

Sie wechselten sich ab und feuerten einander an.

Da wurde Herr Günter ebenfalls neugierig. Eine Weile

schaute er dem lustigen Treiben zu. Dann bat er: »Darf ich bitte mitmachen?«

Bald pusteten alle vier um die Wette. Wer die Flaumfeder fallen ließ, hatte verloren und musste sie weiterreichen.

Irgendwann taten ihnen die Bäuche weh vom Pusten und vom Lachen.

»Ich weiß, was dagegen hilft«, versprach Herr Günter. »Wir müssen etwas essen.«

Weil Mareike Löwenzahnblätter nicht schmeckten, pflückte Herr Günter für sie Vogelbeeren.

So ging es die ganze Woche. Morgens wurden Monika und Schorsch vom fröhlichen Gezwitscher der kleinen Blaumeise geweckt. Sie wartete dann schon in der Brombeerhecke und fragte: »Wollen wir wieder zusammen spielen?«

Wenn kurz darauf Herr Günter eintraf, frühstückten die vier gemeinsam Löwenzahn und Vogelbeeren. Dann ließen sie die Flaumfeder tanzen, bis es Zeit für ein Picknick wurde.

Am Abend erzählte Herr Günter Gute-Nacht-Geschichten über die wilden Tiere, die es in Afrika gab. Jeden Tag hatten sie so viel Spaß! Darüber vergaßen sie ganz, dass der Winter vor der Tür stand.

Eines Morgens wurden sie durch Lärm geweckt. Von der Gänseteichwiese drang Geschrei herüber. Dort sammelten sich Vogelschwärme für die Winterreise. Über den Garten zogen Kraniche hinweg. Sie bildeten in der Luft einen Keil und riefen: »Wie weit ist es noch?«

»Sehr weit! Sehr weit!«, antwortete der Vogel an der Spitze.

Schorsch steckte seinen Kopf aus dem Wohngang und meckerte: »Wer macht hier solchen Krach?«

Kraniche fliegen in Keilformation und Stare im Schwarm.
Diese Zugvögel überwintern in Südeuropa oder in Nordafrika.
Die längste Reisestrecke legen die Küstenseeschwalben zurück.
Sie brüten im Nordpolarraum und überwintern am Südpol.
Dafür müssen sie einmal rund um die Erde fliegen.

Im nächsten Moment musste er seine Kappe festhalten. Denn beinahe hätte der Wind sie ihm weggerissen.

Monika kroch aus ihrem Häuschen und zog die Fühler ein. »Huch, ist das kalt!«

Auf dem kahlen Brombeerstrauch über ihr hockte Mareike, die staunend zusah, wie sich im Garten ein Tier nach dem anderen ein Versteck suchte und verschwand: Die Marienkäfer verkrochen sich in den Ritzen des Schuppens.

Die Laufkäfer buddelten sich in der Erde ein. Kröte Kriemhild kroch unter einen alten Baumstumpf, wo sie vor Kälte und Wind geschützt war.

So überwintern die Tiere

Marienkäfer überwintern in Ritzen der Baumrinde.

Ameisen verkriechen sich tief in ihrem unterirdischen Bau.

Laufkäfer verstecken sich im Boden.

Bienen kuscheln sich an ihre Königin und zittern sich warm.

Distelfalter fliegen nach Südafrika und verbringen dort den Winter.

Frösche überwintern auf dem Grund eines Gewässers.

Aus der Gartenecke tönte lautes Schnarchen. Das war Igel Bürste in seinem Laubhaufen.

Der Zitronenfalter Zipfel flog zum Kirschbaum und hängte sich an einen kleinen Zweig. Hier wollte er den Winter verbringen. Bevor er die Augen schloss, rief er seinen Freunden »Gute Nacht!« zu.

»Zum Glück seid ihr noch da«, sagte Mareike zu Monika und Schorsch. Sie freute sich, als gleich darauf auch Herr Günter im Garten landete. An diesem Tag sah der Graugänserich besonders elegant aus. Er hatte ausgiebig im Gänseteich gebadet und seine Federn eingeölt. So waren sie vor Wind und Regen geschützt.

»Es wird Zeit!«, sagte er und seufzte.

»Wofür wird es Zeit?« Mareike hüpfte gespannt herum. »Spielen wir ein neues Spiel?«

Aber Herr Günter erklärte, dass nun der Abschied gekommen war. »Ich muss mich auf den Weg in den Süden machen.«

»Wir sehen uns im Frühling wieder«, versprach Monika und grub eine Erdhöhle. »Ich muss nun mein Häuschen verschließen!«

Eifrig begann sie, Schneckenschleim auf die Öffnung zu sabbern.

Schnirkelschnecken bereiten sich auf den Winter vor, indem sie unter Laub oder in die Erde kriechen. Dort verschließen sie ihr Haus mit einem Kalkdeckel. Dieser Winterdeckel schützt sie vor Kälte und vor Austrocknung. Sie fallen in die Winterstarre und brauchen in dieser Zeit kein Futter.

Herr Günter ermahnte Schorsch: »Du solltest in deinen Wohngang kriechen.«

Doch der kleine Regenwurm hatte keine Lust. Er versuchte, den Abschied hinauszuzögern. »Wollen wir noch ein letztes Pustespiel machen?«, fragte er.

Mareike nickte begeistert. Aber bevor sie pusten konnten, riss der Wind die Flaumfeder weg. Sie wirbelte hoch in die Luft und verschwand.

»Meine schöne Feder!«, klagte Schorsch. Fast hätte er geweint. »Womit soll ich denn jetzt im Winter spielen? Mir wird schrecklich langweilig in meinem Wohngang sein!« Er hoffte, dass ihm die Blaumeise eine Ersatzfeder schenken würde.

Aber Mareike hatte eine bessere Idee. »Dann kriech einfach nicht in deinen langweiligen Wohngang«, schlug sie vor. »Bleib oben im Garten, so wie ich.«

Schorsch jubelte: »Toll! Das wird lustig!«

Aber Herr Günter warnte ihn. »Das wird kein Spaß!«

»Und warum nicht?«, fragte Schorsch.

»Bestimmt ist es im Winter nicht schön hier!«, sagte Monika. »Du solltest dich lieber verknoten und schlafen.«

»Ich will aber noch nicht schlafen«, meckerte der Regenwurm. »Ich will was Spannendes erleben.«

Mareike versprach: »Der Winter ist sehr spannend.«

»Wirklich?« Schorsch zappelte voller Vorfreude.

»Dann sieht der Garten wie

Junge Blaumeisen lernen im Alter von ungefähr 20 Tagen von ihren Eltern das Fliegen, das heißt, sie werden flügge. Danach bleiben sie noch für zwei Wochen bei ihren Eltern. Die zeigen ihnen, wo sie Nahrung finden können, und füttern sie auch noch. Wenn die jungen Meisen alles gelernt haben, was sie zum Überleben brauchen, löst sich die Familie auf, und jeder sorgt nun für sich selbst.

verzaubert aus!«, schwärmte die kleine Meise. »Im Winter gibt es nämlich Schnee! Das hat mir meine Oma erzählt.«

Davon hatte Monika noch nie gehört. »Wofür ist dieser Schnee denn gut?«, wollte sie wissen.

Schnee schützt die Pflanzen im Winter vor Frost und Erfrieren, indem er den eisigen Wind abhält und dabei wie eine Dämmschicht wirkt. Denn die Luft, die zwischen den Schneekristallen eingeschlossen ist, leitet Wärme nur sehr schlecht weiter. So geben Pflanzen ihre Wärme weniger schnell in die eisige Winterluft ab.

Herr Günter winkte ab. »Man kann ihn jedenfalls nicht essen.«

»Aber man könnte damit spielen«, rief Mareike begeistert. »Wir werden Bälle daraus formen und eine Schneeballschlacht machen.«

»Das klingt lustig!«, rief Schorsch begeistert. »Der Winter ist wirklich die beste Jahreszeit!«

»Aber du kannst doch nicht draußen bleiben«, sagte Monika besorgt.

»Und wieso nicht?«, fragte Schorsch. Er zeigte auf den Kirschbaum, wo der Zitronenfalter wie ein welkes Blatt an einem Zweig hing und schlief. »Zipfel ist doch auch noch draußen.«

»Ihm macht die Kälte nichts aus«, erklärte Herr Günter. »Er hat ganz besonderes Blut mit Gefrierschutz.«

Zitronenfalter überwintern im Freien, sie halten Frost aus, und es stört sie auch nicht, wenn sie eingeschneit werden. Sie haben nämlich in ihrem Blut Glycerin. Das ist ein natürliches Frostschutzmittel. Es senkt den Gefrierpunkt von Flüssigkeiten. Dadurch erfrieren Zitronenfalter erst, wenn es kälter als minus 20 Grad ist.

»So was brauche ich nicht«, behauptete Schorsch.

Umsonst warnte der kluge Gänserich, dass ein kleiner Regenwurm bei Eis und Schnee erfrieren würde. »Du hast nicht einmal einen schützenden Pelz und auch kein wärmendes Federkleid!«

»Na und?«, sagte Schorsch. »Ich ziehe mir einfach warme Winterstiefel an die Füße.«

»Ein Regenwurm hat keine Füße«, erinnerte ihn Herr Günter.

Schorsch hatte eine neue Idee. »Dann ziehe ich mir eben Handschuhe an.«

»Ein Regenwurm hat auch keine Hände«, bemerkte Herr Günter.

»Dann setze ich mir eben Ohrenschützer auf«, entgegnete Schorsch.

Aber Herr Günter sagte: »Ein Regenwurm hat auch keine Ohren.«

»Das ist ungerecht«, maulte Schorsch und bekam schlechte Laune. Wie sollte er sich vor der Kälte schützen, wenn er weder Stiefel noch Handschuhe und auch keine Ohrenschützer tragen konnte?

Zum Glück wusste Mareike Rat. »Wir könnten dir einen Schal um den Hals binden.«

Schorsch war erleichtert. Denn einen Hals hatte er. Und was für einen langen!

Mareike wickelte ihm einen flauschigen, blühenden Grashalm um. Der kitzelte ein bisschen und hielt herrlich warm. »Juchhu!«, rief der Regenwurm glücklich. »Der Winter kann kommen!«

Längst hätte Herr Günter in den Süden fliegen müssen. Seine Gänsereisegruppe wartete schnatternd auf der Wiese. Trotzdem verschob er die Abreise Tag für Tag.

Seine Mutter Gertrud flatterte über den Gartenzaun und drängte: »Wo bleibst du denn, Günti? Wir wollen endlich los!«

»Ich muss noch auf Schorsch aufpassen«, sagte Herr Günter.

Längst hätte Monika ihre Häuschentür schließen und

schlafen müssen. Doch auch sie sorgte sich um Schorsch und wartete noch.

Nur Mareike und Schorsch machten sich keine Gedanken. Mit Feuereifer bauten sie sich einen Unterstand aus Zweigen.

»Das wird unsere Forscherstation«, erklärten sie stolz.

Die Station hatte ein Dach, eine Aussichtsplattform und viele kleine Ritzen.

»Da wird der Schnee hineinrieseln«, warnte Herr Günter.

Und Monika sagte: »Da wird der Wind hindurchpfeifen.«

»Das muss so sein«, behauptete Schorsch.

Und Mareike erklärte: »Das sind unsere Gucklöcher.«

Durch diese wollten sie den Schnee beobachten.

Mit jedem Tag wurde es kälter. Das Eichhörnchen Heidi kuschelte sich in seine Baumhöhle in der großen Kastanie. »Zeit für ein Schläfchen«, fand sie und deckte sich mit ihrem Puschelschwanz zu.

Mutti Gertrud flatterte wieder in den Garten und mahnte: »Wir müssen endlich abreisen, Günti!«

»Morgen ganz bestimmt«, versprach Herr Günter. »Ich warte nur noch, bis Schorsch in seinem Wohngang ist.«

»Da können Sie lange warten«, sagte Schorsch.

Auch Monika wollte ihre Tür weiterhin erst verschließen, wenn Schorsch in Sicherheit war.

Herrn Günters Vater flog nun ebenfalls über den Zaun und landete auf der Wiese. »Wo bleibt ihr denn?«, schnatterte er. »Wir finden hier nichts mehr zu fressen!«

Gertrud sah Mareike besorgt an. »Du bringst alle in Gefahr!«

Ein letztes Mal versuchten sie, Schorsch zu überreden. »Du wirst erfrieren!«, sagte Monika und schluchzte.

»Du wirst verhungern«, warnte Herr Günter.

»Du wirst von einem Vogel gefressen werden«, schnatterten die Gänse.

»Quark mit Quatschsoße«, brummte Schorsch und zog seinen warmen Schal fester. »Ihr seid alle viel zu große Angsthasen!«

Plötzlich entdeckte er eine blühende Anemone. Die Kälte schien sie kein bisschen zu stören.

»Seht ihr?«, sagte er trotzig. »Sogar eine mickrige Blume hält den Winter aus. Da schaffe ich das erst recht.«

In der Nacht kam der erste Frost.

Mareike und Schorsch hatten eng aneinandergekuschelt in ihrer Forscherstation geschlafen. Nachdem die Kälte sie geweckt hatte, flatterte die Blaumeise hinaus. »Komm schnell nach draußen, Schorsch!«, rief sie aufgeregt. »Sieht das nicht hübsch aus?«

Der Regenwurm staunte. Die Bäume sahen ganz anders aus als im Frühling, Sommer oder Herbst! Ihre kahlen Zweige waren mit weißem Raureif überzogen. Überall glitzerten Eiskristalle wie Diamanten. Das sah prächtig aus.

Schorschs Jubelrufe weckten Herrn Günter, der Schutz unter dem Schuppendach gesucht hatte, weil der Gänseteich zugefroren war. Auch Monika guckte durch den Türspalt ihres Häuschens. Ihr war so kalt, dass sie sich noch langsamer als sonst bewegte.

Schorsch kratzte den Reif vom Gras und kostete. »Schmeckt nach Abenteuer«, rief er und nieste.

»Ist dir kalt?«, fragte Mareike. »Dann musst du dich aufplustern.« Sie machte es ihm vor.

Schorsch hielt die Luft an und machte sich ganz dick.

Leider wurde ihm nicht warm dabei. Enttäuscht pustete er die Luft wieder aus. Ein kleines Dampfwölkchen erschien vor seinem Mund.

> Vögel schützen sich vor der Kälte, indem sie sich aufplustern. Dann hält ihr Gefieder sie warm wie eine Daunenjacke. Manche Vögel kuscheln sich auch aneinander, um sich gegenseitig zu wärmen.

Dann entdeckten sie die Anemone. Sie war ganz steif gefroren und glitzerte unter einer Eishülle. Staunend standen die Freunde um das Blümchen herum. Es wirkte wie aus Glas und funkelte im Licht.

»So etwas Schönes habe ich noch nie gesehen!« Monika seufzte bewundernd.

Mareike nickte eifrig. »Hab ich euch doch gesagt: Im Winter ist der Garten wie verzaubert!«

»Seht ihr?«, sagte Schorsch. »Das hätten wir verpasst, wenn ich auf euch gehört hätte.«

Aber Herr Günter warnte ihn: »Die Blume ist erfroren. So wird es dir auch gehen, wenn du im Winter draußen bleibst.«

»Quatsch mit Quarksoße!« Schorsch grinste. »Ich finde, so eine glitzernde Eishülle würde mir prima stehen.«

Ein eisiger Wind pfiff durch den Garten. Monika und Herr Günter machten sich immer größere Sorgen um den kleinen Regenwurm.

Mareike versprach: »Wenn es zu kalt wird, versteckt Schorsch sich in unserer Forschungsstation.«

Inzwischen stürmte es. Eine Windböe fuhr in die Ritzen der Forschungsstation und plötzlich krachte die ganze Konstruktion einfach in sich zusammen.

»So ein Mist aber auch!«, rief Schorsch.

Zum Glück blies der Wind auch die Wolken weg. Und kurz darauf beruhigte sich der Sturm.

Schorsch legte sich auf einen Stein und ließ die Sonne auf seinen Bauch scheinen. »Seht ihr?«, sagte er und war wieder vergnügt. »Ich brauche gar keinen Unterschlupf. Es wird schon wieder warm.«

Der Raureif an den Zweigen verschwand im Sonnenschein, und auch das erfrorene Blümchen taute auf. Unter ihm bildete sich eine Pfütze. Aber als die Eishülle geschmolzen war, sank die Anemone in sich zusammen.

»Oje!«, rief Monika erschrocken. »Was ist mit der schönen Blume passiert?« Der Stängel sah matschig und braun aus.

»So ein Pferdeapfelmistvogelklecks aber auch!« Schorsch guckte an seinem rosa Körper herunter. Würde der etwa ebenfalls so aussehen, wenn er erfror und wieder auftaute? »Ich will nicht matschig werden!«, rief er.

Entsetzt starrte auch Mareike auf das braune Häufchen, das einmal eine schöne Blume gewesen war. Sie wollte so

gern mit Schorsch den Winter verbringen. Aber sie wollte nicht, dass er matschig wurde. »Ihr habt recht«, sagte sie zerknirscht und ließ die Flügel hängen. »Es ist wohl besser, wenn Schorsch in seinen warmen Wohngang kriecht.« Sie zupfte sich eine Flaumfeder aus und schenkte sie dem Regenwurm. »Damit dir da unten nicht langweilig wird.«

»Danke schön«, sagte Schorsch und versprach: »Wir spielen im Frühling wieder zusammen.«

Mareike nickte tapfer. Sie wusste, dass es so am besten für den Regenwurm war. Trotzdem war sie traurig. Nun hatte sie im Winter niemanden, mit dem sie spielen konnte.

Was nutzte der schönste Schnee, wenn keiner da war, mit dem man eine Schneeballschlacht machen konnte?

Sie flatterte auf einen Ast und plusterte enttäuscht ihr Gefieder auf. In ihren Augen glitzerten Tränen.

Inzwischen war die Sonne verschwunden und es wurde immer kälter. Monika winkte Schorsch und Herrn Günter mit den Fühlern zu sich. Die drei steckten die Köpfe zusammen.

»Mareike ist traurig«, sagte Monika. »Wir können sie nicht allein lassen.«

Herr Günter schüttelte betrübt den Kopf. »Wir müssen leider.«

Schon wieder kam Mutti Gertrud über den Zaun geflattert und drängte zum Aufbruch.

»Einen kleinen Moment«, bat Herr Günter. »Es gibt ein Problem, wenn wir weg sind.«

Wenn es im Winter kalt wird, buddeln sich Regenwürmer tief in die Erde hinein. Dann verschließen sie ihren Wohngang mit einem Stöpsel aus Kothäufchen. Unter der Erde ringeln sie sich zusammen und fallen in Winterstarre. So sind sie gut geschützt und können auf besseres Wetter warten.

»Was denn für ein Problem?«, fragte Gertrud.

Herr Günter erzählte: »Wer soll Mareike Vogelbeeren bringen, wenn sie Hunger hat?«

Standvögel

Diese Vögel bleiben im Winter hier

Buntspecht

Spatz

Amsel

Eichelhäher

Blaumeise

Elster

»Und mit wem soll Mareike spielen, wenn ihr langweilig ist?«, fragte Schorsch.

»Und wer tröstet sie, wenn sie traurig ist?«, sagte Monika.

Gertrud dachte nach. »Auch aus der Ferne kann man für einen Freund da sein.«

»Aha«, rief Schorsch und tippte sich mit dem Regenwurmschwanzspitzenzipfelchen an die Stirn. Dahinter war ihm nämlich gerade eine prima Idee gekommen.

Herr Günter watschelte zum Komposthaufen, neben dem vertrocknete Sonnenblumen standen. Auch er wusste nun, was zu tun war.

Monika hatte ebenfalls einen Plan. Sie kroch am Kastanienbaum hinauf und weckte das Eichhörnchen Heidi. Kurz darauf hörte man die beiden miteinander tuscheln.

Als die Freunde alles vorbereitet hatten, kam die Stunde des Abschieds. Mit traurigen Augen flatterte Mareike zu ihnen auf die welke Wiese.

»Wir haben eine Überraschung für dich!«, platzte Schorsch heraus. Monika nickte so eifrig, dass ihre Fühler wackelten.

Mareike staunte. »Für mich?«

Herr Günter holte hinter seinem Rücken eine große Sonnenblume hervor. In ihr steckten unzählige Sonnenblumenkerne. »Das ist dein Futtervorrat für den Winter«, sagte er.

Rezept für einen Meisenknödel

Ihr braucht:
1 kg Rindertalg oder Kokosfett
Pflanzenöl
1 kg Sonnenblumenkerne
Außerdem: einen großen Topf,
einen Kochlöffel, einen Bindfaden

Und so geht es:

Lasst das Fett im Topf bei sehr schwacher Hitze schmelzen. Achtung! Heißes Fett ist gefährlich, lasst euch dabei von euren Eltern helfen. Wenn das Fett flüssig ist, nehmt den Topf vom Herd und gebt einen kleinen Schuss Pflanzenöl dazu. Streut die Sonnenblumenkerne ein und rührt gründlich um. Lasst danach die Masse abkühlen, bis sie weiß aussieht. Nun könnt ihr daraus einen Meisenknödel formen und arbeitet dabei zuletzt noch den Faden zum Aufhängen ein. Verknotet das eine Ende des Fadens unter dem Knödel und formt aus dem anderen eine Schlaufe. Fertig! Hängt den Meisenknödel an einen schattigen Platz, den ihr vom Fenster aus sehen könnt. Ganz sicher könnt ihr bald die hungrigen Vögel beobachten, die sich auf diese Leckerei stürzen werden.

Schorsch hatte sein Regenwurmschwanzspitzenzipfelchen in Holunderbeermatsch getunkt und etwas auf ein großes Rindenstück gemalt. Obwohl ihm das Bild sehr gut gelungen war, hatte er es zerbrochen. Feierlich legte er die Teile vor Mareike hin. »Das ist ein Puzzle«, erklärte er. »Das kann man allein spielen und es macht trotzdem Spaß!«

Und Monika sagte: »Immer wenn Heidi im Winter aufwacht, wird sie nach dir sehen und dich trösten, falls du dich einsam fühlst.«

Und noch etwas hatte sie mit Heidi besprochen, aber das blieb vorerst ein Geheimnis.

Monika winkte zum Abschied mit den Fühlern. Dann kroch sie in ihre warme Höhle und mauerte den letzten Spalt ihrer Tür zu.

Schorsch rief: »Tschüss, bis zum Frühling!«, und verschwand in seinem gemütlichen Wohngang. Dort legte er seinen Kopf auf das weiche Mooskissen. Er verbog sich zu einem Knoten, deckte sich mit Mareikes Feder zu und schlief sofort ein.

Als Letzter verabschiedete sich Herr Günter. Gemeinsam flogen die Graugänse hinauf in den Himmel. Gänsemutter Gertrud führte laut schnatternd den Vogelzug an, der kurz darauf auch schon verschwunden war.

Es wurde still im Garten. Mareike seufzte. Dann fiel ihr

Schorschs Geschenk ein. Sie holte das Rindenpuzzle und legte das Bild zusammen. Plötzlich musste sie kichern. Schorsch hatte für sie einen Regenwurm gemalt!

Nach einer Weile bekam Mareike Hunger. Wieder seufzte sie. Aber dann dachte sie an Herrn Günters Sonnenblume und pickte die Kerne heraus. Die schmeckten sehr gut.

Irgendwann schwebten die ersten Schneeflocken vom Himmel. Mareike fühlte sich einsam. Wie gern hätte sie ihren Freunden die hübschen Kristalle gezeigt.

Alle Schneekristalle sind sechseckig, und jede sieht anders aus.

Gerade im richtigen Moment, bevor Mareike zu traurig wurde, erwachte Heidi und tröstete die Blaumeise. Sie legten zusammen das Regenwurm-Puzzle, Mareike aß Sonnenblumenkerne und Heidi knabberte Nüsse.

Es schneite immer mehr. Draußen auf der Gänseteichwiese suchten Resi, Aurora und ihre Mutter nach Gras unter dem Schnee. Auch der Garten war inzwischen von einer dicken weißen Schneeschicht bedeckt. Nun wurde es Zeit für die letzte Überraschung.

Schnee besteht aus winzigen Eiskristallen, die in den Wolken entstehen. Wenn es kalt genug ist, friert dort der Wasserdampf an winzigen Staubkörnchen fest, die in der Luft schweben. Immer mehr Wasser aus der feuchten Wolke friert an dem Kristall fest. Viele Schneekristalle verhaken sich, ballen sich zusammen und bilden eine immer größere Schneeflocke. Sobald diese zu schwer wird, sinkt sie zur Erde hinunter.

»Nicht gucken!«, befahl das Eichhörnchen.

Die kleine Blaumeise bedeckte ihre Knopfaugen mit den Flügeln und wartete geduldig.

Nach einer Weile sagte Heidi: »Jetzt darfst du gucken!«

Mareike staunte. Das Eichhörnchen hatte etwas aus Schnee für sie gebaut. Aber keinen Schneemann, sondern einen Schneeregenwurm, eine Schneeschnecke und einen Schneegänserich.

Nun fühlte sich Mareike nicht mehr allein, als Heidi wieder schlafen musste. Ihre Freunde hatten an alles gedacht. Auch wenn sie den Winter nicht zusammen verbringen konnten, waren sie doch für sie da.

Tief unter dem Schnee schlief in diesem Moment die kleine Schnecke Monika Häuschen und träumte von ihren lieben Freunden.

Nicht weit entfernt von ihr lag Regenwurm Schorsch in seinem gemütlichen Wohngang. Ganz kurz wurde er wach und ließ die Daunenfeder schweben. Dabei erinnerte er sich an den Spaß, den er mit seinen Freunden beim Pustespiel gehabt hatte.

Zur selben Zeit stand Herr Günter im fernen Afrika auf einem Felsen. Aus sicherer Entfernung beobachtete er einen Löwen mit prächtiger Mähne.

»Davon werde ich meinen Freunden erzählen«, sagte er zu seiner Mutti. »Und auch von den Zebras. Und von dem Nilpferd.«

So weit war er von seinen Freunden entfernt. Und doch blieben sie in Gedanken zusammen und freuten sich auf ein Wiedersehen im Frühling.

INHALT

SCHLAUBERGERVORTRAG VON HERRN GÜNTER

EICHHÖRNCHEN

Was sind Eichhörnchen?
Eichhörnchen sind Säugetiere und gehören zu den Nagern. Sie haben ein rotbraunes Fell und einen buschigen Schwanz. Im Winter ist ihr Pelz dichter als im Sommer und ihnen wachsen lustige Haarpinsel an den Ohren, die wie Ohrenschützer wärmen.

Wo leben Eichhörnchen und was fressen sie?
Eichhörnchen wohnen in einem Kobel. Das ist ein kugelförmiges Nest aus Zweigen, das sehr gemütlich mit Moos ausgepolstert ist. Eichhörnchen futtern fast alles: Früchte, Samen, Pilze, Insekten und Eier, aber auch Schnecken und Regenwürmer. Sie halten keinen Winterschlaf und verstecken deshalb überall Vorräte. Manchmal vergessen sie einen vergrabenen Samen. Dann wächst an dieser Stelle ein neuer Baum.

Welche Superkräfte besitzen Eichhörnchen?
Eichhörnchen können mithilfe ihrer starken Beine und spitzen Krallen in Windeseile an einem Baumstamm hinauf- und kopfüber wieder herunterflitzen. Sie springen und segeln bis zu fünf Meter weit. Dabei steuern und balancieren sie mit ihrem buschigen Schwanz wie ein Zirkusartist. Und ihre Zähne funktionieren wie eine Pinzette: Damit können sie Nüsse aus einem kleinen Loch in der Schale herausangeln.